SHANGHAI LITERATURE & ART PUBLISHING GROUP

故事会
精品系列

故事会 ®

阿 P 新传

 上海锦绣文章出版社
上海故事会文化传媒有限公司

上海文艺出版（集团）有限公司

图书在版编目（CIP）数据

阿P新传 《故事会》编辑部编 – 上海：上海锦绣文章出版社
（故事会精品系列） ISBN 978-7-80685-779-3

Ⅰ.①阿...Ⅱ.①故...Ⅲ.故事 – 作品集 – 世界 Ⅳ.I14

中国版本图书馆 CIP 数据核字 (2007) 第 114145 号

丛 书 名：故事会精品系列

书 名：阿 P 新传

主 编：何承伟

编 委：何承伟 吴 伦 姚自豪 夏一鸣

责任编辑：刘迎曦 鲍 放

装帧设计：王 伟

责任督印：张 凯

出 版： 上海锦绣文章出版社

上海故事会文化传媒有限公司

POD 海外发行： 中国图书进出口上海公司

电话：021–36357888

传真：021–36357896

地址：上海市虹口区广中路 88 号

邮编：200083

 上海故事会文化传媒有限公司 出品（00246） www.storychina.cn

STORIES

目　　录

家庭——是非多多

人生真正的幸福和欢乐，浸透在亲密无间的家庭关系中。幸福的家庭都是相似的，不幸的家庭各有各的不幸。

阿P学说话

阿P三十多岁了,还没有找到理想的伴侣,原因很简单:说话有点结巴。

眼看朋友们一个个成家立业,婚结得早的,孩子都会打酱油了,他不由得越发着急,然而越着急,他就结巴得越厉害。朋友们聚会时,阿P指着他们,憋红了脸"你……你……我……我……"的,就再也说不下去了。其中一个叫刘明的朋友,几次都以为他说背了气,差一点就拨打"120"来抢救。

这天,朋友们又聚到了一起,刘明开门见山地对阿P说:"阿P,我老婆给你相中了一位姑娘,叫邓依慧,人挺不错的,想约你这个星期天见见面。"

"行……行……吗?"阿P经过若干次失败后,对自己一点信心也没有了。

"你要对自己有信心,再说,有我们这么多朋友在这里,还怕想不出一个好办法?"

于是,在场的朋友们都开动脑筋起来,大家你一言、我一语,整整讨论了一个下午,终于想出了一条绝妙好计。

刘明迫不及待地对阿 P 说:"首先,见到那个姑娘后,要尽量少说话,多微笑。说话时,声音一定要轻,一定要慢,那样既暴露不了你说话结巴的缺点,又显出你成熟稳重。接下来,你就请姑娘去吃饭,记住,一定要让姑娘点菜。菜上来后,只要姑娘和你说话,你就给她往碗里夹菜,这样几个来回下来,她的话肯定就少了。估计你们快吃完时,我老婆就给那姑娘打电话,邀请你们来我家玩。我开车去接你们,路上,我就和那姑娘海侃,然后约她改天和朋友们一起出来玩。接触几回后,只要姑娘看上你,你那点结巴,她一定不会在意的。"

阿 P 张嘴正要说话,刘明就知道他要问行不行,赶忙又抢着说:"行,这回一定行!记住,你一定要对自己充满信心,星期天,我们也会到现场为你加油助阵的。"

阿 P 这回终于露出了充满自信的微笑。

星期天一大早,阿 P 就起床了,把自己收拾得干干净净,一看时间还早,便提前来到了公园。到公园后,阿 P 一眼就看见了自己的那帮朋友,他们站在远处频频向他做着代表胜利和成功的"V"字形手势,阿 P 这时心里感到了一阵温暖……

十点半,那个叫邓依慧的姑娘准时来到了见面地点。阿 P 一看姑娘长得挺漂亮,心里就有点发慌。相互通报了姓名后,阿 P 不知道该说些什么好,又怕一说话对方知道自己是个结巴,只好站在那里看着姑娘一个劲微笑。

过了一会儿,阿 P 更加着急了,正在左右为难时,他看见朋友们已经走到了离他不远的地方,继续做着一定要胜利的手势,阿P将心一横,心想:干脆直接请姑娘吃饭吧!

于是,阿P看着姑娘,微笑着说:"邓——依——慧——我想——请——请——你——"谁知他"吃饭"两个字还没有说出口,那个叫邓依慧的姑娘早已手起掌落,"啪啪"两个巴掌打得又脆又响,干净利索。朋友们在一旁瞪大眼睛惊叹姑娘的身手时,阿P傻愣愣地站在那里,半天都没明白过来到底发生了什么事……

事后,大家在一起仔细地讨论,终于有了一致性的答案:阿P说话太慢,而那个姑娘的名字偏偏又叫邓依慧,她一定是将阿P说的"邓——依——慧——我想——请——请——你——"听成了"等一会儿,我想亲亲你",阿P让姑娘"回击"一顿,不也是情理之中的事?

"唉,不知道我什么时候才能找到一个合适的姑娘?"阿P垂头丧气,自言自语道。

"咦,"突然,刘明像发现了一个惊天秘密一样大叫起来,"阿P,你怎么不结巴了?"

"我怎么不结巴了?"阿P自言自语嘀咕道。猛地,他发现自己真的不结巴了。这下,他心里乐开了花:虽然没找成那漂亮的姑娘,但她却治好了自己的结巴。这顿打,值!

(冀幼农)

(题图:李 加)

阿 P 交 朋 友

　　阿 P 最近交了个女朋友，叫小兰。这小兰性子好，长得又漂亮，阿 P 怎么瞧怎么好。这天，阿 P 问小兰有什么爱好，小兰说："我只有一个爱好：爱吃鸡！"阿 P 一听乐坏了，哈哈笑着说："我家其他好东西没有，就一样，鸡多！一大群绿色环保草鸡！"小兰一听也高兴了，笑呵呵地说："那太好了。看来我们真有缘啊！"阿 P 连忙说："那是，那是。我们家的鸡一直为你养着哩。"

　　原来，阿 P 家住在一个废弃的工厂大院里，那院子在县城边缘，工厂搬迁后就无人理会，现在只剩阿 P 他们一户人家。院子里长满了野草，虫子很多，阿 P 爹妈退休后就开始在院子里养鸡，他们挑的是农村正宗土鸡，从不喂饲料，只让它们吃青草和虫子，这群鸡一直保持在三十只上下，是一群没有污染的"绿色"

草鸡。

阿P带着小兰回了家,阿P爹妈自然高兴,连忙杀鸡招待。小兰第一次吃这种鸡,一吃之下,大叫"好吃"。隔了没几天,小兰就对阿P说:"喂,好几天没去你家了,怪想的,你啥时再带我去啊?"阿P一听,马上眉开眼笑地说:"好,好,我们明天就去。"

这以后,阿P便三天两头带小兰到家里去,每次阿P爹都杀鸡招待,小兰兴冲冲来,哼着小曲走,她和阿P的关系一路高歌猛进。但问题也由此而生:才两个来月,阿P家就只剩下三只公鸡和六只母鸡,阿P爹有点舍不得了。

这天,小兰又跟着阿P回家吃鸡,吃着吃着,小兰觉得不对劲了,走的时候,她数了数院子里的鸡,对阿P说:"上次我离开你们家时有九只鸡,怎么这次回来吃了一只,还是九只啊?"说完,她噘着个小嘴气嘟嘟地走了。

阿P一问爹,才知这回没杀自家的草鸡招待小兰,而是到菜场买了只鸡。阿P正要埋怨爹,没想到他爹却气冲冲地说:"我们家的鸡长得再快,也没她吃得快。剩下这几只正在下蛋哩,我要把这些鸡蛋攒起来,明年开春再孵小鸡,现在没鸡给她吃。"

第二天,阿P就把爹的话告诉了小兰。小兰一听,等到明年小鸡长大了再吃,实在太久了。她脑子一转,对阿P说:"你爹净说瞎话,不是还有三只公鸡么?公鸡又不能下蛋。他不想给我吃,我还不想吃哩,以后你离我远点儿。"阿P一听脸都急红了,连忙说:"我让我爹杀鸡给你吃,还不成吗?"

阿P回家给爹这么一说,立即招来爹一顿臭骂:"你小子真是鬼迷心窍,没公鸡,母鸡下的蛋能孵出小鸡来?她这么爱吃鸡,莫不是狐狸精变的?现在只想着吃鸡,以后只怕会吃人。我看你还是趁早离她远点。"

爹的话让阿P急得双脚跳,要是等到明年孵出的小鸡长大了再请小兰来吃,这人见人爱的小兰早就飞走了。他堆着一脸的笑又去见了几次小兰，小兰却只白着眼睛给了他一句话："你爹连鸡都舍不得给我吃，这样的关系实在没前途。"把阿 P 给急的，他一咬牙，说："明天你来我家，准有鸡给你吃！"

晚上十一点钟刚过，阿 P 家的鸡忽然"喔喔喔"地叫了起来。这一叫可了不得，把阿 P 爹吓了个半死。为什么？当地民间有个说法，如果谁家的鸡晚上十二点以前叫唤，必须杀掉这只乱叫的鸡，否则近期必遭火灾。这叫杀鸡还神。阿 P 他爹有点迷信，于是第二天一大早就把那只公鸡给杀了。阿 P 一见爹在杀鸡，别提多高兴了，忙说："爸，你想通了？太好了。我这就让小兰来家吃鸡。"

快开饭的时候，小兰果然来了，看到饭桌上的鸡，满意地点点头，冲着阿 P 微微一笑。阿 P 心花怒放，像个服务生一样不停地用筷子把鸡肉撕下来，夹到小兰的碗里。阿 P 爹在一旁看得直瞪眼，心里骂儿子秉性一点也不像自己。

不想才过了半个来月，阿 P 家的鸡又在晚上十点多叫了，这下阿 P 爹更慌了，第二天一早，又杀了一只公鸡。阿 P 见了，赶紧给小兰打电话，大声嚷着叫她来吃鸡。

这样一来，阿 P 家只剩一只公鸡了，阿 P 低声下气地对小兰说，鸡也需要革命火种，是不是等到明年再吃？他跟爹妈商量好了，明年扩大养鸡规模，将鸡的数量扩大到一百只，足够小兰吃的。小兰朝阿 P 瞪瞪眼，说："小鸡为什么一定要自己孵？到乡下买不是一样吗？"阿 P 一听，茅塞顿开，连称"英明"。

这天晚上十点钟刚过，阿 P 家的鸡又叫了。阿 P 爹叹着气说："今年实在太倒霉了，自从阿 P 认识了那个爱吃鸡的狐狸精，我们家就不停地来灾星啊！"阿 P 娘一听，忙说："老头子，明天你不用杀鸡了。我今天从街坊打听到一个新法子，把淘米水往鸡笼上浇，一样能灭灾星。"阿 P 爹一听高兴了，连忙从床上爬起来，从厨房端出放着准备浇花的一大盆淘米水，走到院子里，二话没说就对着鸡笼浇下去,一直浇得鸡再也不叫才罢休。

这时,阿 P 正在房间里打电话,他听到鸡突然不叫了,连忙跑出来,看到他爹正拎着水盆走进来,大叫一声"不好",冲到院子里,打开鸡笼,从里面拿出一个被水淋得湿湿的纸盒子,拿进屋子打开一看,里面的一部手机已经被淋得透湿。阿 P 按了一连串键盘,怎么按都没反应,他朝爹一摊手,哭丧着脸说:"爹啊,这可是两千多块钱的手机啊,让你一盆水给浇坏了!"阿 P 爹没弄明白,问:"没事你把手机放鸡笼里干什么?难道这手机也能孵出手机来?"阿 P 说:"还不是为了让你杀鸡嘛!"

原来,阿 P 见爹不肯再给小兰杀鸡,就把自己的手机铃声调成了"公鸡报晓",用纸盒子装好,放在鸡笼里,到了半夜,就用房间里的座机给自己的手机打电话,电话一通,手机铃声就像公鸡报晓一样地响起来……

阿 P 爹听完阿 P 的这番解释,又是着急又觉着好笑,骂道:"你这小子真没出息,为了个女孩子,竟然学起周扒皮半夜鸡叫来骗你爹。得,你明天再叫小兰来吧,我给她杀鸡。"

阿 P 一听,心想:手机虽然坏了,可小兰能来,划算呀。他咧开嘴,乐呵呵地笑了。

(方　伟)

(题图:李　加)

阿P开玩笑

　　阿P喜欢开玩笑,跟人真真假假乱侃,虚虚实实瞎掰,让人难辨对错,分不清是非。他把这叫做编圈圈套人。套不中,没什么关系,一笑了之;套中了,便弄得人家哭笑不得。

　　这天,厂里发了一百元奖金,阿P老老实实悉数上交。老婆小兰要他陪着上街去买东西,阿P不耐烦逛商场,就在外头等。他正等得心焦,忽然看见工友小赵的老婆香妹儿提着一大包菜回家,阿P想起一件事,眼睛一亮,上前笑着说:"香妹儿,今天怎么不见你家小赵与你出双入对呢?"

　　香妹儿正提得手软,顺势歇下来,说:"他昨夜通宵加班,早上才回来,累得浑身无力,还在睡觉呢。"

　　阿P听了,露出惊讶的神色,问:"加班? 在哪里加班?"

　　香妹儿疑惑地说:"在厂里呀! 你们两人一个组,难道你不晓得?"

　　阿P把头摇得跟个拨浪鼓一样:"不对啊! 厂里昨晚根本就没有加班。"

　　"那就怪了,他昨晚到哪去了呢?"

　　阿P回头朝商场望了望,看见小兰正在往门外走,他赶紧凑近香妹儿,压低嗓门,神秘兮兮地说:"被小赵骗了吧? 我看他昨晚是去夜总会'加班'了。"

　　香妹儿摇着头说:"我家小赵人老实,服我管,才不会去这种地方,再说他身上又没钱。"

　　阿P哈哈大笑:"他是当面老实,背了你,无人管,才不老实嘞! 我们两个从小一起长大,我还不清楚他? 钱也不是问题,昨天厂里刚发了五百元奖金。"

　　香妹儿的眉头拧成了一个疙瘩:"有那么多吗? 他说只发了一百。"

　　阿P趁机煽风点火:"你看你看,还说他老实! 回去要好好审问审问他,其余四百哪里去了。"

　　阿P正说得得意,小兰从商场出来,看见他鬼鬼祟祟的样子,又听见他的最后几句话,就说:"香妹儿,莫听他胡扯,他那张臭嘴,尽说些无中生有的事,不要信他的!"又回过头来训阿P:"你开玩笑也不看对象,人家香妹儿和小赵结婚才半年,这种事能随便乱说吗?"

　　香妹儿乐了,松了一口气,说:"就是嘛,还是嫂子好,实事求是,P哥一天到晚尽胡说,冤枉我家小赵,存心想让我两口子吵架。"

　　阿P还一本正经地说:"信不信由你,反正小赵昨晚在夜总会,我是亲眼看见的!"

　　一边的小兰气恼起来,掐住阿P的耳朵,咬牙切齿地训斥道:"你硬是唯恐天下不乱! 我问你,你说你在夜总会看到人家小赵,那么深更半夜的,你去那里干什么?"

阿 P 痛得直叫唤,只好认输:"夫人饶命! 我……我本想给别人编个圈圈,没想到把自己给套上了。哎哟,哎哟,我的耳朵又不是电视机开关,你真狠心扭啊?"

香妹儿笑弯了腰:"不听话就活该扭,免得成天造谣生事!"说完,提起菜乐呵呵地回家了。

晚上,阿 P 和小兰刚吃完饭,门铃响了,开门一看,是小赵。小赵见到阿 P 两口子,又是打躬又是作揖,说:"谢谢 P 哥啊,谢谢 P 嫂啊,今天你俩的戏演得真是太好了,帮我渡过了难关,实在感激不尽!"

小兰听愣了,回头问阿 P:"演戏? 我们演了哪出戏啊?"

阿 P"扑哧"一笑:"你当真以为我是口没遮拦、胸无心眼的'愣头青'呀? 其实,今天这话是小赵请我说的。"

小兰转过头去问小赵:"小赵,你脑袋有毛病呀? 为什么和自己老婆开这种玩笑?"

阿 P 和小赵得意地大笑起来。原来,小赵昨晚加班到半夜,被几个老同学叫走了,真的是去了夜总会,而且把四百元钱花了个精光。他知道世上没有不透风的墙,这事迟早会传到自己老婆香妹儿耳中,所以,临走前就准备了一支"预防针"——拜托阿 P 找机会先在香妹儿面前虚虚实实乱侃一番,让她分不清真假,以为是在开玩笑,以后再听到别人提起这件事时,就不会真信了。还别说,这招挺管用,香妹儿还就真的被糊过去了。

小赵对阿 P 两口子千恩万谢之后,走了。

小兰真是又好气又好笑,关上门对阿 P 说:"亏你们想得出这种损招,真是够精的! 这么说,你今天对香妹儿说的都是实话喽?"

"那当然!"阿 P 还沉浸在胜利的喜悦中,在沙发上跷着二郎腿,一颠一颠的。

小兰顿时脸色一变:"那你老实说,这回奖金到底发了多少?一百还是五百?"

阿P心里一颤,知道自己说错话了,忙道:"只有一百! 说五百,那是我骗香妹儿的。老婆,你连我都不相信吗?"

小兰的目光变得针一样尖锐,冷笑道:"相信你? 呵呵! 你既然能帮小赵骗他老婆,那骗我不是更容易了? 一百元够去夜总会吗? 你骗鬼啊?"

阿P叫苦不迭,这下真是有嘴都说不清了。他苦着脸道:"天地良心,我们昨天只发了一百元奖金啊! 小赵用的是他的私房钱,不信你去问他!"

小兰见他负隅顽抗,知道不用重刑侍候他不会招,便使出了杀手锏,"呼"地从床底下拖出一块搓衣板,"咣当"一声扔在阿P脚下,晴天霹雳一声吼:"我谁也不问,你不要真真假假跟我绕圈圈,也休想串通了别人来骗我,你这一套在我这里行不通。奖金五百,小赵拿四百进了夜总会,铁证如山。你那四百藏哪儿了?你给我交出来!"

阿P彻底傻掉了,整个人像霜打的茄子一样蔫了。

小兰看也不看他,面无表情地把搓衣板一踢:"先去墙旮旯,跪倒! 今天不把钱拿出来,我和你没完!"

结果,阿P跪了大半夜,还掏光了自己省吃俭用藏下的私房钱。不过,他想想自己毕竟帮小赵骗过了香妹儿,也算是做了件好事,就又得意地哼哼起来。

(谭文春)

(题图:李　加)

阿 P 买 发 夹

　　阿 P 和小兰结婚好多年了，虽然也知道疼爱老婆，可他却从未在外面给老婆买过一样东西。这次出远差去海南半个多月，阿 P 在外面像个忽然变懂了事的孩子，特地花 300 元钱给小兰买了一只漂亮的水晶发夹。为了给老婆一个意外的惊喜，他使劲憋着没在电话里提这事儿。

　　兴冲冲地回到家打开门，见小兰还没下班，阿 P 先脱下西装挂上衣架，接着从包里掏出那只水晶发夹，心里痒痒的，就想着把它放个好地方，待会儿逗一逗老婆。他转着脑袋在客厅里琢磨了一圈后，便拉开饮水机下面的茶具柜，将发夹摆在了茶具柜的杯子旁边。因为老婆有个习惯，下了班进门，总是先要奔这里拿杯子喝水。可转而一想，不行，放这儿，让她一回家就很容易地发现了,这太不够刺激了,所以阿P又将那发夹拿出来,塞到了左边的沙发垫里面。但再一推敲,也不妥当,老婆回家进门后,如果身子往沙发上一躺,给压坏了咋办?于是他又从沙发垫里拿出发夹,走到对面的挂衣架前重新选地方。正在这时候,门锁"喀嚓"一下,是老婆回来了!阿P灵机一动,顺手将发夹揣进了衣架上自己的西装口袋里。

小兰进门后,阿P坏坏地扑上去就要亲热,老婆却笑着将身子闪开了。阿P想象着怎样让老婆意外地发现那只水晶发夹,然后又怎样惊喜地对着镜子别在头发上,最后又怎样撒娇扑进自己的怀里,他激动极了,竭力控制着自己,故意拿起一根香烟叼在嘴上,指着对面的挂衣架,吩咐小兰说:"去,把我那件西装口袋里的打火机拿出来。"

小兰却笑着朝他面前的桌上努了努嘴:"打火机不就在那儿搁着吗?"阿P没辙儿,接着又故意说:"哎,这次我在外面掉了500元钱呢,都怪那西装口袋上破了个洞!你给补一补吧?"小兰一听这话,果然走到衣架前,伸手就要提那件西装。

谁知就在这时,搁在衣架旁的电话突然"嘀铃铃"响了起来,小兰没拿西装,顺手就先拿起了电话。只见她对着电话一边听着一边说着劝慰的话儿,一边还陪着流起了眼泪。

等老婆接完了电话,阿P一问,这才知道是小兰一个叫慧芳的小姐妹家里闹离婚。小兰气呼呼地说:"慧芳她老公不是个东西,这次出差居然偷偷给情人买了一条漂亮的水晶项链,回家后先是藏进鞋子里,接着又藏进写字台的抽屉里,最后又藏进挂衣架上的西装口袋里,结果都被慧芳盯了个一清二楚。"说着,小兰就抹着泪问阿P:"你说,现在的男人咋这么花心,咋这么没良心呢?"

妈呀,怎么世界上有这么巧的事情?怎么竟然跟自己现在做的差不多是一个套路?

　　见阿P愣在那儿,小兰扑闪着两只大眼睛,心事重重地又问:"阿P,你不是那种人,你不会做那种事吧?"

　　"我……不会,不会!"阿P前胸冒汗,后背发凉,心中忽然莫名其妙地发起怵来:我的妈,自己买回的这只水晶发夹,现在要是拿出来的话,老婆她会不会……这么想着,他一下子就改变了原先的念头:不行,西装口袋里的水晶发夹,可不能拿出来了!于是,现在他满脑子想的是,怎样才不会让老婆发现这只背时的水晶发夹。

　　可是越怕事就越有事,这工夫,小兰放下电话已转回身走到挂衣架跟前,伸出手又要拿他的那件西装。

　　阿P见势不妙,赶忙挡了上去,支吾着说:"小兰,这西装口袋你就别……别忙补了,其实没,没破……""口袋没破?没破那是怎么掉了钱的?""掉了……掉了不是500元,才100元多一点。""这口袋到底是怎么了?我看看?""算了,算了,"阿P边说边蹭上前,抓过那件西装就胡乱往身上套,"这天气,真冷!""冷?"小兰伸手在他的额上捋了一把,"你这明明热得满头都是汗,怎么还嫌冷呀?"阿P边往后退边又搪塞说:"可能是……是感冒,你快给我去拿几颗感冒通来。"

　　小兰狐疑地盯了他一眼,又朝他身上的西装口袋瞄了瞄,便转身拿感冒通去了。

　　显然,这西装口袋已经引起了小兰的严重注意,必须赶紧将里面的水晶发夹转移到别处。趁小兰转身的当口,阿P当机立断,迅速将手伸进了藏着发夹的那只口袋。

　　哪料就在这节骨眼儿上,小兰却突然转过身来,两眼直视着他的手:"你……你这口袋里有什么东西?"说着,她上前一把抓住那只口袋,妈呀,水晶发夹终于被从口袋里面掏出来了!

　　小兰吃惊地瞪起两只杏仁眼:"好哇,难怪你今天遮遮掩掩神色不对,说话前言不搭后语,想不到你们这些男人真是一样的毛病！告诉我,这么好的水晶发夹,是给哪个情人买的?"砸了,这下全砸了!阿P慌忙解释说:"小兰,是给你买的,我花了300多元钱,真的,是特意给你买的呀!"

"给我买的?给我买的还用得着东塞西揣藏起来吗?""不,不,藏起来就是为了给你的,我是想给你……"

小兰讥讽地笑了:"干脆我替你说吧,你把它藏起来,是为了给我一个意外的惊喜,对不?"

"对,对对!是这样,是这样呀!"阿P鸡啄米似的点头。

"哼!结婚这么多年了,你每次出差在外,从来都没有给我买过一样东西,怎么今天突然会有了这副好心肠?你以为我是三岁小孩?"小兰的目光咄咄逼人。

"小兰,你听我说,我真的是给你买的呀!"阿P已是热汗滚滚,满脸紫涨,"就因为从前我一直没给你买过什么东西,我感到很愧疚,想好好补偿你,所以这次出差,我才……我才真的是想给你一个惊喜……"

小兰一拍桌子:"别再给我编故事了!事情已经明摆在这儿,你还想狡辩?"说着她泪珠滚滚地指着自己的一头短发:"阿P,你睁开两眼再仔细看看,你明明知道你老婆已经剪掉了长发,你还会特地花300多元钱给你老婆买这只根本用不上的发夹吗?"

嗨哟!阿P捶胸顿足蹲在地上,恨不得要将头朝墙上撞:老婆这头短发,是自己出差前那一天,亲自陪着她去美发店剪掉的呀,可自己怎么偏偏就把这事儿给忘了呢?现在是无论如何也说不清楚了!

（武　沐　搜集整理）

（**题图**:李　加）

阿P要手机

　　阿 P 周围的人都有了手机,他们的手机铃声不停地响,他们的段子不断地发,他们不断来回走动着接电话,就连阿 P9 岁的小侄子,上学的时候书包里都放一个手机。这使阿 P 深刻体会到自己的落伍。

　　于是阿 P 壮着胆子,鼓足勇气,向老婆小兰申请买部手机。

　　老婆听了,嘴一撇,说:"你买手机做啥? 家里安着电话,你办公室桌上也安着电话,还是公费的。"

　　阿 P 的声音轻得像蚊子:"要是我在咱家到单位的路上呢?"

　　老婆不假思索地回答:"那更省事,拉开窗户喊就成。"

　　阿 P 一想不错,家属楼和办公楼就隔 30 米,以老婆的嗓门,在窗口一叫,聋子也听得见。阿 P 想说,买个手机用于平时逛街联络,可一转念,这个理由也免谈吧,因为老婆规定,两人一起出门的时候,阿P必须紧跟左右,距离不得超过两米,而且得时刻准备帮老婆提个包、拿个大衣什么的。

可是,阿P不死心,他满脸是笑地说:"小兰,你看,嘿嘿,我这……嘿嘿,工作几十年……嘿嘿……"老婆插了一句:"行啦,不用喊号子我也听得懂。"阿P就来了个飞流直下,一口气往外说:"你看我这工作,几十年历来和群众打成一片,现在大家都有了手机,为了不脱离群众搞特殊化,特申请购买手机一台。"

老婆听了微微点头:"这个理由倒有点道理。不过打手机是双向收费的,要和群众打成一片,那得花多少钱啊!不行,成本太高,驳回!"

阿P努力失败,手机没申请下来,不过他不气不馁,大不了再生一计呗。

果然,阿P很快想出了新的计策,他向领导申请出差,因为一出差,手机的优越性就显示出来了。上回阿P出差,只带了个电话卡,可巧那次火车晚点8个小时,火车上没法打电话,急得他老婆一宿没睡。阿P估计以此为理由买手机,申请成功的可能性非常大。

可是在阿P单位里,出差这活儿就是公费旅游,属紧俏资源,轻易争取不到,更不用说为了买手机去公费旅游了。不过阿P有的是办法,他对领导说:"要不咱们这么着,您准我几天假,对外宣称我出差去了,差旅费不让您报还不行吗?"

领导连连摇头:"你请假躲出去了,报告、小结谁写呀?"

阿P胸有成竹地指着领导面前的电脑说:"您这儿不是有电脑吗?这几天我就找一个网吧猫着,有事您给我发伊妹儿。我保证24小时恭候您的指示,绝对耽误不了工作,行了吧?"

领导这才勉强点头:"本来这假是不能准的。可你是个老实人,轻易不开口,平时工作又比较卖力,我就违反一次原则,准你一星期假。但咱们得统一口径,否则你老婆打上门来可不得了。对外说你上哪儿?"

阿 P 一想,我在网吧吃住一个星期,那得从家带件大衣呀,为了穿大衣方便,得上个冷点儿的地方,那就乌鲁木齐吧。

请假一成功,阿 P 就迫不及待地回家向老婆报信,打算趁此机会申请手机。谁知老婆听了一点儿也不焦虑,好像把上回一宿没睡的事忘了。她面无表情地说:"出差又不是出疹子,你鬼叫个啥? 该收拾什么收拾什么呗!"阿 P 只说得半句:"可是……"老婆已经扭身钻里屋去了。

阿 P 心里好不沮丧,可他仍不甘心,正在绞尽脑汁构思下一段说词时,老婆从里屋拿出一个包来,打开包,露出一部崭新的彩屏手机!

阿 P 的嘴巴张得老大,只见老婆淡淡地说:"给你一个惊喜呀。上次你说的虽然没什么道理,但阿猫、阿狗都有了,我家阿 P 也不能太落后,这不,我就给你买了一个回来。"

"老婆你……"阿 P 的眼泪都出来了,不过不是幸福的眼泪,而是后悔的眼泪:早知如此,就不必请假上乌鲁木齐了!

可是事已至此,已容不得他后退,所以阿 P 只好装作感动,流着泪扑上去,抱住老婆狂吻了一阵子。然后就身穿大衣,怀揣手机,背着一大包方便面,雄赳赳地出发了。

出了门,阿 P 转过几条街,一头钻进一个网吧。他白天上网,给领导写报告,晚上就用手机向老婆报告当天的"出差行程"。一个星期后,阿 P 两眼深陷,胡子拉碴地出了网吧。他口袋里装着一打电脑合成的自己在乌鲁木齐景点的照片,手里提着一袋在本市土特产商场购买的新疆葡萄干,踏上了回家的路。

走到家门口,阿 P 又仔细地滤了一遍编好的细节,温习了一遍自己这两天在网上看到的乌鲁木齐风土人情,才深吸一口气,摁响了自家的门铃。

由于有手机联系，老婆早知阿 P 今天要回家，炒好菜等着。进门以后，老婆不看照片，不翻特产，不问细节，先要过手机查看短信。看着看着，脸就晴天转多云，多云转阴天，不一会儿就乌云密布了："你这几天都和谁来往了，为什么把短信都删了？"

阿 P 一听这话，不假思索地说："你忘了，我走得匆忙，说明书都没来得及看，还不会收发短信呢。"

老婆一听这话，脸上"咔嚓"划过一道闪电，雷公爪一探，就揪住了阿 P 的耳朵："你根本就没去乌鲁木齐。老实交代，你这两天去和哪个小情人见面了？说！"

阿 P 愣住了，自己做了那么多准备工作，还没派上用场，怎么就穿帮了呢？老婆看出他的疑惑，"嘿嘿"一笑，道出了原委。原来，老婆为了与时俱进管好阿 P，这一星期在家学了不少手机知识，其中有一条就是：本地手机跑到外省去，外省网络就会自动发一条短信：欢迎入网，愿竭诚为您服务。

这下，阿 P 傻眼了，只能承认错误，深刻检讨，外加给老婆洗脚捶背。不过他的心里还是甜丝丝的——不管怎么样，自己终于有手机喽！

（张东兴）

（题图：李　加）

阿P玩把戏

结婚一周年纪念日那天,阿 P 向领导请假,提前一会儿下班,到商店给老婆买了一条铂金项链,然后急匆匆地赶回家准备酒菜,打算好好庆祝一下。

阿 P 到家,见老婆已经回来了,高兴地对老婆说:"你看我给你买了什么?"边说边急不可耐地往外掏礼物。可手往口袋里一探,傻啦。你道怎么了? 口袋里空空如也,项链没了。阿 P 不由惊叫起来:"坏了,丢了!"

老婆见他手上空空,以为阿 P 在逗自己,不高兴了,嘟哝着说:"你没买就算了,我也没跟你要礼物,干吗骗人家?"阿 P"刷"一下汗就冒出来了,几千元钱哪! 他顾不上解释,赶紧转身下楼,顺原路往回找,可他心里也明白,找回来的可能性几乎等于零,因为他下班回家经过的路段正处闹市区,行人如梭,这么显眼的首饰盒,恐怕早被人捡走了。可再绝望也不能不找找看啊,阿P抱着不到黄河不死心的侥幸心理,一路低头找过去。

在一个热闹的路口处,他突然眼睛一亮,只见那精巧的红首饰盒竟然就躺在地上,他简直不敢相信,急忙过去捡起来,打开一看,可不就是自己买的那根项链,还好好的放在里面。阿P心里乐开了花,眉开眼笑地把首饰盒揣进了兜里。

他正要往回走,一抬头却发现周围过往的行人都用一种怪怪的眼光看着他。一个骑自行车的男人经过阿P身边时,用车把碰了他一下,低声说:"快扔了,小心受骗!"边说边头也不回地骑过去了。

阿P一愣,仔细一琢磨才回过味儿来,心里乐了:我说这么多人来来往往的,明明看到了怎么不捡呢,原来都认为是骗子设的局呀。想想挺好笑的,如今骗子多,人们都警惕得有些神经过敏了,不过今天这样倒成全我阿P了,哈哈!

项链失而复得,两口子异常高兴,纪念日自然过了个五彩缤纷。

第二天,阿P兴犹未尽,到单位又对同事们讲起这件事。可同事们听了都摇头,说阿P这家伙在编瞎话,怎么会有这样的事呢? 阿P见大伙不信,急了,说这明明就是他亲身经历的事情,怎么会假呢? 可任他怎么说,大伙还是不相信,和阿P坐对面的牛嘎更是较真,对阿P说:"耳听为虚,眼见为实,要让大家相信,除非你再演练一遍,否则,哼! 一边凉快去!"阿P被他激火了,"腾"一下站起来,涨红着脸说道:"演练就演练,不过不能白练,要应验了,怎么办?"牛嘎也不含糊,拍着胸脯说:"应验了,我再搭你一条项链,不过要是真丢了,你可不要怪我。"阿P一拍桌子:"项链早让我老婆戴脖子上了,这次咱换样东西,用我腕子上这块金表怎样?"牛嘎点头说:"可以。"众人都很感兴趣,一致同意作证。

这天中午,牛嘎陪着阿P选了个繁华路段,阿P从腕上褪下金表,放在醒目的地方,然后两人退到一边观察。正是中午下班时间,人来人往的,可怪事,就是没有人捡那块表。金表在阳光下熠熠发光,有些人分明看见了,可看一眼就过去了,有些人甚至还拐弯绕过去,怕沾上什么似的。

约定的半个小时过去了,阿P得意地走过去把表收起来,回到单位见了大家,阿P摆出胜利者的姿态,用眼睛斜着牛嘎,得意地说:"怎么样,该兑现诺言了吧?"

牛嘎没想到结果会是这样,但就这样白白认输掏钱,他不仅心疼,还不甘心。于是强词夺理地狡辩道:"先别这么早下结论,咱俩站的地方离表太近,两个大活人就那么虎视眈眈地在旁边盯着,傻瓜才会去拿那表。要是人离得远些,就是一百块表也肯定剩不下,早换主儿了。所以这次不能算数。要是按我说的,离远些再试一次,不管啥结果,我都认。"

见牛嘎耍赖,阿P有些生气,但转念一想,前面两次都一样效果,再试还不是外甥打灯笼——照旧(舅)?于是大度地一摆手,说:"好,就依你,再试一次!"

于是,两人又一起来到上次放表的马路上,把手表放在醒目的地方,准备退得远一些观察。可这次却不像上次了,他们还没退出几步,就见一个小青年走过去,捡起金表转身就走。阿P一见,急了,大喊起来:"站住,那是我的表!"边喊边赶过去。小青年见阿P扑过来,加快脚步兔子般奔逃,阿P又气又急,拼命往前追。牛嘎也顾不上幸灾乐祸了,跟在阿P后面一起追过去,惹得周围行人纷纷驻足观看。

常言说,快狗撵不上怕狗。小青年为了逃脱,没命地跑。阿P两个为了夺回金表,拼命地咬住不放,累得汗流浃背,上气不接下气,可总还有点距离。三追两追,远离了闹市,那小子拐进了一条狭窄的小胡同，阿P和牛嘎一见，高兴了，他们都知道这是条死胡同，这下子那家伙没处逃了。果然，那小青年见无路可走，回身站住了。阿P赶到近前，愤愤地骂："小兔崽子，你倒是跑啊，看我怎么收拾你！快把表给我！"

没想到那小青年一点儿没有害怕的样子，哈哈大笑道："咱们还说不定谁收拾谁哪！"话音未落，只见旁边一个街门打开，从里面闪出好几个彪形大汉，"呼啦"一下把阿P和牛嘎围了起来，接着，不由分说把他俩打翻在地，好一顿拳打脚踢，直到为首一个三十岁左右的汉子说声"停"，方才住手。阿P和牛嘎缓了好半天，才"哼哼唧唧"地从地上爬起来，阿P战战兢兢地说："各位兄弟，误会了吧？咱们可是素不相识，并没有得罪过你们呀？"

为首的汉子用鼻子"哼"了一声，说："你还敢说没得罪？真是揍得轻了。我问你，今天为什么跑到这里来了？"阿P一指捡表的小青年，说："他拿了我的金表，我们是想要回来。"那汉子眼睛一瞪："你拿我当小孩耍是不？哼！你们这几天干的事，全都在我掌握之中。跟你们说，设骗局钓鱼儿坑人这把戏，是你爷爷我早就玩腻了的，如今我金盆洗手、改邪归正了，可你们却在这个地盘上班门弄斧，不知道的人还以为我贼心不死哪，岂不败坏了老子的名声？念你们是初犯，从轻处罚，今天就算是教训教训你们，下次再犯，老子送你们进派出所呆着去！"

说完，他从小青年手中要过金表，咬牙切齿地把它狠狠地摔在水泥路上，率领一伙人扬长而去。

阿P和牛嘎像一对破皮掉毛的呆鹅，直着脖子狼狈地傻杵在那里。再看那金表，被摔得七零八落，成了废物，这回可真的是扔在大街上也没人捡了。

平白无故地挨了一顿打，还损失了金表，阿P真是又心疼又窝火。可这火又无处可撒，想埋怨牛嘎，说不出口，本来嘛，打赌是你阿P情愿的嘛，结局是有人捡表，自然应该算牛嘎赢了。再说牛嘎陪着挨了一顿拳脚,也够憋气的。牛嘎见阿P损失惨重,有些不好意思,结结巴巴地说:"你、你看这事闹的!"阿P沮丧地说:"算了,眼下当务之急,倒是得考虑个说法,明天见到单位的同事,好有个能盖过面子的交代,咱各自回家想想吧。"

阿P和牛嘎分手后,失魂落魄地往家走,差点儿让车撞上,气得司机探出头来直嚷嚷:"你就是不怕死,也别砸我饭碗啊!"阿P这才回过神来,连连道歉。拐进离家不远的胡同口,迎面冷风一呛,阿P觉得咽喉不爽,不由大声地咳嗽几声,清理清理嗓子。不想他这一咳嗽,走在他前面的一个民工模样的小伙子立马停下了脚步,有几分惶恐地凑过来,低声说:"大哥,刚才的事情可能你都看见了,不瞒你说,我确实在路上捡到个手机。按说应该交还失主才对,可我手头正缺钱,就准备拿它换俩钱用。既然你看见了,求你千万保密,没别的,咱按规矩,见面分一半,东西归你,反正我也用不上,你看着给我几个钱儿,好么?"

阿P一听,明白了,这家伙是想设局儿让我上当,骗我的钱啊。才经了刚才的事,阿P心头的火苗"腾"地就冒起老高,一挥手,"啪"地给了那人一个大耳光,吼道:"好小子,瞎了狗眼,骗到你祖宗头上来了!你也不打听打听我是何等人物?你这套把戏,老子早就玩腻了,你还跑这来班门弄斧。念你初犯,老子今天放过你,下次再让我碰上,小心扒了你的皮!"

那家伙一听,吓得慌慌张张地逃走了。阿P望着他那狼狈的样子,一阵大笑,觉得心里痛快了不少,一扫挨打的郁闷,脚步轻盈地返回家去。

刚刚上到三楼,就听一阵急促的脚步声从头上传来,一抬头,只见老婆急慌慌地从上面跑下来,差点儿跟阿P撞个满怀。阿P扶住老婆,问道:"你干吗这么着急?"老婆一见是阿P,眼泪就下来了:"别问了,赶紧跟我回去找。"阿P奇怪地问:"找什么?"老婆着急地说:"我新买的手机丢道上了,我想想最可能丢在巷口那一带。"

　　阿P一听,顿时明白了,刚才那小子捡的就是老婆的手机!唉,他后悔地抬手照自己脑袋"咣咣咣"擂了好几拳。

　　老婆莫名其妙地喊:"你个傻帽儿,不赶紧下楼找,打脑袋干啥呀?"

　　阿P说:"还找什么找?早让人捡走了!"

　　老婆不甘心地说:"那不一定,上次那项链不就没人捡吗?"

　　阿P还争辩:"上次是上次,这次人家早跑远了。"老婆奇怪地问:"你怎么知道跑远了?"阿P不敢再说了,再说就要露馅儿了,他无奈地摆摆手,一声不吭地跟在老婆后面,下楼到街上去找手机了。

　　手机自然是没找到,可阿P一想也好,自己坏了金表,老婆丢了手机,这下扯平,谁也不用埋怨谁啦!

(李清林)

(题图:李　加)

阿 P 生 闷 气

　　阿 P 的儿子大学毕业后留在城里,一晃十多年就过去了。儿子个性浪漫,女朋友谈了一个又一个,就是不结婚,这可把阿 P 和妻子小兰急得慌。阿 P 就这么个儿子,他想早抱孙子啊!

　　春节前,儿子给家里打来电话,阿 P 和小兰听了高兴坏了:儿子春节要回来结婚了!

　　国庆长假期间,儿子曾把女朋友带回来过,阿 P 和小兰一见就欢喜上了。这个叫小玉的女孩子漂亮不说,人还能干,一点儿都不娇气。阿 P 知道他这儿子啥事都不会做,儿子要是能把这个叫小玉的姑娘娶了当老婆,真是他的福气了。

　　阿 P 当时还担心,儿子挑挑拣拣再不结婚,错过这么好的一个姑娘,那就要后悔一辈子了。小兰笑着说:"错不了,儿子跟我说了,他和这个小玉姑娘已经住在一起了。"阿P吃了一惊:"什么? 没结婚就住到了一起? 真不像话。"小兰嗔怪道:"你呀,人没老,脑子倒封建得不得了,这叫同居,新潮!"狗屁! 阿P嘴上不说心里嘀咕:你站着说话不腰疼! 你要是换成小玉的娘,是不是也赞成这新潮?

儿子要回来结婚,阿P和小兰忙得不可开交,粉刷墙壁,购买家具,布置新房。阿P还特意赶到镇上,把上回儿子和小玉姑娘照的相片挑出一张,放大后挂在新房中央。又请来厨师,宰猪杀鸡,憋足了劲,要把儿子的婚礼操办得风风光光。前来祝贺的亲朋好友、乡里乡亲,看到小玉的照片,没有不啧啧称赞的:这姑娘,赛七仙女呢!

阿P听了心里可美了:当然了,我儿子是大学生,模样又俊,挑了这么多年,不是七仙女能配得上? 喊!

儿子是坐小车回来的,阿P兴高采烈地迎到村口,见儿子从车中牵出那女孩,顿时傻眼了:那女孩不是小玉姑娘,而是一个眼睛描得像熊猫,头发染得像稻草的女孩!

当然,傻眼的可不仅仅是阿P一人,大伙儿都看不懂了。阿P这个气啊,这小王八蛋,什么时候又换女朋友了? 换了都不招呼一声? 这让我在亲戚乡亲面前多难堪。阿P不敢多想,忙奔回来,赶在儿子他们进新房前,把小玉的大照片从墙上摘下来。

小兰偏袒儿子,只要儿子给她领回个儿媳妇,她就高兴,于是安慰阿P说:"气啥呢? 儿子能结婚总比不结婚好! 我看了,这个叫小丽的丫头屁股大,结婚后一准生男孩。还有,从背后看,搞不清的还以为你儿子气派,娶个洋人呢!"

阿P没好气地说:"狗屁洋人,我看了就作呕。你说,那个叫小玉的姑娘多好,两人都住到一起了,这小王八蛋为什么不和人家结婚呢?"小兰说:"我问了儿子,儿子说,那小玉姑娘睡觉喜欢张着嘴,难看死了。""就这?""就这。"

阿 P 不知道倒也罢了,知道后更是火冒三丈:"这小王八蛋是不是没心没肺? 睡觉张着嘴要什么紧,我睡觉不仅张着嘴,还打呼噜呢! 你小兰嫌弃我了? 你当初要是嫌弃我,还有他这个小王八蛋今天?"

阿 P 虽然气,但也只是背地里冲小兰发发火。儿子已经生米煮成了熟饭,你还能怎么的,看不惯就少看几眼吧,反正又不和他们在一起过日子,只要他们能早日给他生个孙子就行。这么想,阿 P 气便消了许多,只是为儿子放弃娶小玉姑娘感到惋惜。可话怎么说呢,上次回来,那小玉姑娘为儿子盛饭打洗脸水,儿子还吹胡子瞪眼,现在儿子要为"大熊猫"盛饭打洗脸水,挨骂都乐得屁颠颠的,他就是这么贱,你有什么法子。

在家只呆了两天,儿子就要带着媳妇回城。阿 P 说:"干啥你们这么急要走呢? 不是有二十多天婚假吗?"儿子说:"本来是该在家多呆几天,只是小丽孩子太小,丢在城里保姆那,实在放心不下,还是早点回去好。"

儿子此话一出口,差点没把阿 P 的眼珠惊掉到地上。一问,敢情这小丽原来是结过婚的,孩子都三岁了!

儿子走后,阿 P 一连在床上躺了三天。小兰担心阿 P 气坏了身体,阿 P 说:"我不气,我干啥气呢? 人家女的是二婚,你家儿子不也是个二婚? 只是,一天到晚盼着早日抱孙子,谁知孙子都老大了,能上幼儿园了,可惜是别人帮的忙!"

(金　石)

(题图:李　加)

阿P探病人

　　阿P下岗后,在姨父一家的帮助下开了家副食店,生意还算过得去。这天他进货回来,老婆小兰焦急地对他说:"阿P,不好了,你姨父住院了,听说是癌症,快瞧瞧去吧。"阿P一听就急了,心说自己能有今天,可都是沾了姨父的光啊!他赶紧问明了医院地址和病房号,带着一大包营养品,拔腿就往医院跑。

　　到了医院,推开病房门一看,阿P愣那儿了。只见姨夫和五六个病友正热火朝天地玩牌呢!他满面红光,嗓门儿很大,脸上贴满了纸条,看来是输急眼了。阿P心想:这老爷子,都啥时候了,急脾气咋一点不见改?

　　其他病友一见来了客,就知趣地散了。阿P忙帮姨父把脸上的纸条取下来,劝他说:"您老现在是病人,得注意多休息。"

姨夫笑呵呵地说:"我这脾气你还不知道,闲不住,找几个人乐乐,这对身体有好处。"

阿P说:"可您这病……"

姨夫摆摆手:"我啥病,我知道。这人哪,甭管得的是啥病,关键是要心情愉快,就拿癌症来说吧……"

阿P一听,心想:闹了半天,姨父已经知道自己得了癌症呀!那我也没必要再兜圈子了,应该好好劝劝他。于是就接过姨夫的话尾说:"您说得不错,可您这癌症毕竟不是小病,休息静养才……"他正说到这儿,突然发觉姨夫的脸色不对劲了,还没等明白过来是咋回事,他的胳膊就被姨夫一把抓住了:"你刚才说啥?我,我得的是癌……"

阿P知道坏了,原来姨夫还不晓得自己得的是癌症啊!瞧自己这张乌鸦嘴,不是添乱吗?想改口解释已经来不及了,姨夫瘫在床上,眼睛直勾勾地望着屋顶,啥话都听不进去了,嘴里一个劲地嘟囔着:"他们都在骗我,都在骗我……"说着说着,就晕过去了。

恰巧这时,表妹来凤推门进来,见爹这个样子,忙扑上前大声呼唤:"爹,您这是咋了……"喊声惊动了医生和护士,他们连忙跑进病房实施抢救。

阿P和来凤被请出病房。在走廊上,来凤问他:"阿P,究竟是怎么回事?我咋出去一会儿,我爹就成这样了?"

阿P慌得直搓手,就把刚才的事和来凤说了。来凤一听就急眼了:"你咋能这样?我家哪点亏待你了?我爹要是有个三长两短,我……我绝不饶你!"阿P一听,那个后悔呀,恨不得找个地缝钻进去。

好不容易医生出来了,两人忙上前打招呼。医生不满地说:"你们是怎么回事?我不是一再告诫你们,现在不能对病人说刺激的话吗?行了,现在可以进去了。"

来凤跑进去瞧她爹去了,扔下阿 P 走也不是,留也不是。

后来,阿 P 耷拉个脑袋回到店里,老婆小兰见他这副失魂落魄的样子吓了一跳,问他话,他也不答。突然就抡起手给了自己两嘴巴:"这张破嘴,我让你再胡说八道。"小兰被他的反常举动吓懵了,上前抱住他说:"阿 P,你咋了,着魔了?"

阿 P 就把在医院的经过说了一遍,小兰一听也数落开了:"有你这么说话的吗? 来凤骂你还是轻的,要是我,非揍你一顿不可。"阿 P 垂着头,大气也不敢出,由着老婆训。

第二天下午,阿 P 正准备再上医院瞧瞧去,来凤怒气冲冲地闯来了,一见他就骂:"阿 P,你可把我害苦了! 本来我爹的癌症并没有确诊,今天上午经过专家会诊,已经排除了。可现在倒好,任我们说死说活,我爹就是不相信,坚持认为自己得了癌症,直到现在还是不吃不喝,都是你害的!"阿 P 这下更傻眼了,不知道该如何是好。

晚上,阿 P 正愁得睡不着觉,突然想起了一件事。原来,阿 P 的姨父没结婚之前,曾处过一个叫苏小娟的对象,后来不知啥原因,没谈成。前几年,姨死了,听说苏小娟那口子也病逝了,姨父就想和这位苏女士重续前缘,可总也没机会表白。"现在不正是个机会吗? 要是这位苏老太能出马,姨父肯定听她的话!"阿 P 越想越兴奋,一骨碌从床上蹦起来,把小兰叫醒。

小兰一听,连连夸赞这个主意好。阿 P 被老婆一捧,不觉又飘飘然起来,爱吹牛的老毛病又犯了:"我阿 P 是谁啊,这点事儿,办起来还不是小菜一碟?"小兰一指阿 P 脑门,说:"瞧你那熊样,别又弄砸锅了。"阿 P 连忙打断她:"闭上你的乌鸦嘴,等我的好消息就行啦。"

第二天,阿 P 早早出了门,费了好大劲,终于找到了苏老太,她正好在院子里晨练呢。阿 P 赶紧作了自我介绍,然后把事情的经过前前后后一股脑儿地讲了一遍。

　　苏老太皱皱眉,叹了口气,说:"唉,想不到这么多年了,这老家伙还是一根倔筋!"

　　阿 P 赶紧答腔:"是啊,只有您说没得癌症,他才会信,我今天就是专程来请您帮忙的。俗话说,救人一命,胜造七级浮屠嘛! 要是请不到您呀,我非得被表妹他们的唾沫淹死。"

　　苏老太一听,就爽快地点点头,安慰阿 P 说:"你别急,这事儿我管定了。你先回去,把病房地址留给我,我回家给你姨父做点他爱吃的,准能把这死老头子的倔筋给扳过来。"

　　阿 P 欣喜若狂,赶紧留下了地址,然后抑制不住兴奋,一路吹着口哨回医院报喜去了。

　　一进病房,就见姨夫满脸憔悴,两眼瞪着天花板发愣。阿 P 一把拉住他的手,张口就说:"嘿! 姨父,我们说您没那病,您不相信,等会苏阿姨来了,她的话您总得信了吧?"

　　阿 P 的姨夫眨眨眼,问道:"你说谁要来?"

　　"苏阿姨,苏小娟啊。"

　　"真的? 她怎么会来?"姨夫半信半疑,眼睛里闪出惊喜的光芒,搂着阿 P 的肩膀说:"阿 P,还是你了解姨父啊! 苏小娟她真的会来吗?"

　　阿 P 把胸脯拍得山响:"那能有假吗? 苏阿姨听说您这样子,她心里那个急呀,二话没说,就主动提出要来看您。好像看那意思,还想和您重修旧好呢!"

　　"那她怎么没有和你一起来?"姨父问。

　　阿 P 更得意了:"那么久没见,人家总不能空着手来呀? 她说了,要给您做点好吃的带来,再说了,人家也得打扮打扮嘛!"

　　阿 P 自顾自添油加醋地说了一堆,唾沫星子直飞。姨夫越听越兴奋,但还是有点顾虑:"那我这病……"话没说完,阿 P 就打断了他:"您哪有病啊? 要是真有,人家怎么肯跟您续旧情呢?"姨夫想想说的也是。

这时，就听见有人"咚咚咚"地敲门，阿P朝姨父挤挤眼："你看，来了不是？"说着，赶忙上前开门，还特意大喊了一声："有请苏小娟女士！"门开了，进来的却是查房的护士。护士小姐给了阿P个白眼，低低地咕哝了一句："神经病啊？"

阿P吐吐舌头，回到姨父床边。"阿P，你小子不是在骗我吧？我说呢，人家哪里就背来？反正得了这种病也活不了多久了，看来这辈子我跟小娟是没有缘分喽！"姨夫唉声叹气，神情又变得木讷讷的。

阿P委屈死了，正不知如何劝慰，这时候，只见苏老太一脚踏进了病房。啊，上帝保佑！阿P心中的石头终于落了地。姨夫见苏小娟真的来了，激动得连句完整的话都说不出来："小娟，你……你来啦？我……我这病……"

苏老太把烧好的菜往床头柜上一放，瞪了他一眼，说道："你这根倔筋，怎么那么多年都改不掉啊？人家护士刚刚跟我说了，你得的根本不是什么癌症。你信就信，不信我走了。"

老爷子忙说："别……别走，我信……"阿P听到这里，心花怒放，大大咧咧地说了一句"你们慢慢聊"，就走出了病房。嘿！阿P心里这个爽啊！谁说我阿P净闯祸，今天不就做了件两全其美的事儿吗？既治了姨父的病，又成全了他多年的心愿。

等了很长时间，还不见苏老太出来，阿P心想：哟，有这么多知心话要说？看来这好事儿多半就成了！他忍不住跑进病房，想看个究竟。进去后，只见姨夫像换了个人似的，容光焕发，眉开眼笑，哪里有一点生病的模样？再看苏老太，正瞅着姨夫"咯咯咯"地笑个不停。哈，有门儿，阿P怎么看怎么觉得他们太像两口子了。

苏老太见姨夫没事了，起身要走。阿P赶紧上前拦住："苏阿姨，姨父这么喜欢您，您就留下来和我们一起吃饭吧？"姨夫也连忙跟着说："小娟，一起吃，一起吃！"

　　苏老太笑笑说："我也想啊,可我得回去给我那老头子烧饭啊!"

　　姨夫一愣:"什么? 你……你那口子不是已经去……去世了吗?"

　　"是啊,前年有人给我介绍对象,处下来挺不错的,儿女也支持,去年我就又结了婚。你这不开化的脑子,怎么洗了半天还是老样子? 也该改变改变观念啦!"说完,她又嘱咐了阿 P 几句,就走了,留下姨夫像个木头人一样,呆立在床边。

　　姨夫又急又气,一时想不通,又晕了过去。

　　"姨夫,姨夫!"阿 P 抱着姨父拼命地摇晃,刚才那个查房的护士进来了,皱着眉头问:"病人怎么又晕倒了?"阿 P 结结巴巴地说:"这……这次是相……相思病。"护士气得两眼圆睁:"前言不搭后语,神经病!"

　　这时,表妹来凤闻声大喊着"爹"奔了过来……

　　妈呀! 阿 P 知道这次祸又惹大了!

(未　央)

(题图:李　加)

外出——潇洒一回

每一个人都有自己的位置,任何人都是用两条腿走路的,但步态各不相同。一个人就是一种典型。

阿 P 住旅店

　　阿 P 到兰州出差办事,时间一长,带的钱有些紧张,他只好在吃住上省着点。

　　这天晚上,阿 P 挑了个三人房,一张床才 10 块钱,挺便宜的。服务员告诉他,房里已住了两个人,阿 P 想了想,便把随身带的钱物寄存了,只带些洗漱用品,放心地到房间里去了。

　　阿 P 一进屋就闻着一股酒味,还有一屋子烟味,先来的那两个人正在猜拳行令、吞云吐雾哩! 有个人长着一脸横肉,一条刀疤还特别刺眼。

　　阿 P 看了心里一惊,硬着头皮打了声招呼:"两位在喝酒呀?"谁知他俩理都不理,还一脸不高兴。

　　阿 P 想去换房间,但转念一想,钱、物都寄存了,难道还有人索命不成？便洗了脸，准备看看电视就睡觉。

阿P是个足球迷，顺手把电视调到体育频道，谁知还没看上两分钟，刀疤脸"通"地把电视关了。"你——"阿P本想跟他说说理，但一看刀疤脸的凶相，心想，一人出差在外，还是忍一忍算了，便把话吞下肚，脱衣睡觉。

隐隐约约的，阿P听见那两人先是说了一阵悄悄话，之后，刀疤脸又不轻不重地说："昨天那小子气真短，一刀下去就归了天。"说完，把水果刀朝桌上的烧鸡猛地扎进去。

这下可不得了，阿P吓得连汗毛都竖起来了，心想今晚这房是无论如何不能住了，连忙收拾东西，跑到服务台要求换房间。

哪知道女服务员嫌麻烦，说："好端端的换什么房？"

阿P被逼急了："小姐，你不知道，那房里住着两个杀人犯呀！"接着就把刚才的事情说了一通。

这下轮到服务员小姐急了，连忙拿起电话拨"110"，又颤抖着拉住阿P，说："你、你、你在这里等着，警察马上就来。"

很快，就来了两个警察，他们简单问了阿P一些情况后，就叫阿P先呆在这里，跟着服务员去找那两个人。

大约有一袋烟的工夫，警察们回来了，阿P迎了上去。警察朝阿P摆摆手，笑着对他说："你警惕性高是对的，不过，这只是一场闹剧。我们全问清楚了，他们也是来这出差的，他俩呀，编个谎话想吓走你，两人占住三人房罢了。"

原来是这样！阿P真没想到，那两人会出这样的歪点子。警察临走时，又安慰他说："为了不再影响你休息，我们已叫他俩马上换地方住，你放心回去睡吧。"

经过这一惊一吓，阿P哪能睡得踏实？硬是躺在床上眼睁睁地看着太阳照进了窗户。

第二天，阿P没出去办事，而是扎扎实实睡了一天。晚上，吃了饭，打开电视美滋滋地看起足球来。因为白天睡得足，精神好,一直看到半夜十二点多还不想睡。再一看另外两张床还是空的,心中不免得意起来,看来我阿P是因祸得福,花10元钱住单间了。

正高兴时,"吱——"门推开了,进来两个人,阿P知道今晚的如意算盘打错了。不过,值得阿P欣慰的是,这两个人态度格外热情,进来就跟阿P打招呼:"不好意思,打扰你休息了。"说完还给阿P敬烟,好像是到阿P家借住似的,弄得阿P都不好意思起来。

客套完了,阿P继续看电视,却见那两人似乎有话想说,又不好意思开口,便主动道:"都是出差在外的人,有什么尽管开口就是。"

其中一个说:"不瞒你说,我俩睡觉时有些毛病,你是不是换个房间?"

阿P一听,想起昨天晚上的事,便气不打一处来,怎么都这么自私呀?尽想着两人占三人房的事,只不过昨晚是硬刀子,今晚是软刀子。想到这里,便把心一横,撒了个谎:"不碍事,不碍事,其实我也有些毛病,互相将就吧。"说完,上床倒头便睡。

对方见阿P这样说,也熄了灯睡下了。

阿P刚进入梦乡,猛地被一阵雷声惊醒,坐起身子一听,哪是打雷呀,原来是对床上的那位在打呼噜,那呼噜可真打出了水平,惊天动地,石破天惊。这时,阿P还没从呼噜声中回过神来,另一张床上又响起了磨牙声,比推磨还响,磨得阿P浑身像爬满了毛毛虫。

阿P急忙跳下床,衣裤都没来得及穿,跑到走廊上静一静。

阿P在走廊上来回走动,一边走一边想:去换房吧,服务员小姐肯定要说我天天都爱多事;不换吧,屋里的声音确实烦人。哎,对了,不如到楼顶平台上去吹吹风,说不定等会他俩睡熟了,就不会出声了。

阿 P 刚走到楼顶平台,猛地有双手从后面抱紧了他,另一个人把他的脚往肩上一扛,不由分说,飞快地把他抬回房间。阿 P 想:完了,今天遇上了强盗!可睁开眼一看,"抢劫"自己的却是同屋的那两个人。

阿 P 挣扎着要起来问个究竟,其中一个按住阿 P 肩膀说:"大千世界,无奇不有,今晚我们这房间真是配绝了,一个打呼噜,一个磨牙齿,想不到你老兄还有个梦游的毛病,刚才平台上好险呀……"

阿 P 听了,哭笑不得。

(大　波)

(题图:李　加)

阿 P 看下棋

阿 P 特别喜欢看人下棋。不过他看棋不光看,还要说;不光是说几句,而是要大说特说,从头说到尾;不光说红方,还要说黑方;不光说好棋,还要说臭棋,就好像他是双方特邀的现场解说员一样。要是别人忍不住提醒他两句,他就用口头禅回敬:"大家不都是图个开心吗!"

天长日久,阿 P 住的那个地盘上,人们养成了一个习惯:老远看见他来了,就赶紧把棋局撤了,等他过去了,才又重新开战。这招开始还行,可后来被阿 P 看出了门道,就专杀回马枪,冷不丁又冒出来,照旧过他的"嘴巴瘾",最后吓得街坊四邻都不敢在街边下棋了。

这天,单位派阿 P 去外地出差。下了火车,没走多远,阿 P

就看见路边一家小店门口有两人在下棋,他好像久旱逢甘霖,也顾不上旅途的劳累,颠颠地跑了过去。旁边正好还有个小凳子,阿P一屁股坐下,嘴巴也同时开动起来,而且说得特别卖力,特别起劲,把积了几个月的评论一起倒了出来。再看那俩下棋的,不仅一点反感的意思都没有,还冲着阿P点头微笑。阿P这下可乐坏了,直说得眉飞色舞,唾沫四溅,口干舌燥,觉得自打看棋到现在,还从来没有像今天这么痛快过瘾。

趁着两人一局战罢,重新摆棋子的当儿,阿P走进小店买水喝,顺便问了守店的大爷一句:"他们俩常在这儿下棋哪?"

大爷笑着答道:"哦,你问他们啊,又聋又哑,都是残疾人。他们常在这儿下棋,可棋下得太臭,别人看都不要看。难得今天有你观战助兴,你瞧他们,乐得眉毛都快弯断了。"

阿P听了这话,像被当头浇了桶冷水,一下凉透了,支支吾吾地退了出来。

当晚住进旅馆,阿P早早上了床。迷迷糊糊中,他突然被吵醒了,"炮二平五!""马8进7!"阿P的耳朵一下子竖了起来,声音是从隔壁房间传过来的——有人在下棋!

阿P又忍不住了,披衣下床,出门去观战。他摸到隔壁房间门口,觉得奇怪:里面没有点灯,黑灯瞎火的,下哪门子棋?

"车二平三!""象3进5!"里面两位又走了两步。

哦,原来是在下盲棋呀!阿P还从没见人下过不摆棋盘的盲棋,这下可把他给难住了,想评说两句,张开嘴却不知道该说什么,听了半天,还是一头雾水,急得他直挠头皮,在门口滴溜溜直转。

最后,万般无奈之下,阿P一跺脚,冲着门里冒出这么两句:"要下棋,就悄悄地下嘛。闹啥子嘛?让不让人睡觉?"

(刘志新)

(**题图**:张恩卫)

阿P要旅游

　　很多人都盼着长假可以休息,可阿 P 一碰到长假就头疼,想躲都躲不了。因为每当快到了这些日子,左邻右舍都在谈论旅游的事儿,可阿 P 和妻子都是机关里的小科员,虽然也能一天不少地享受假期,但他上有爹娘要赡养,下有孩子要抚养,再说还有房子要供养,想要旅游,有那闲心没那闲钱呀。

　　长此以往,眼看着左邻右舍、同事朋友天南海北去旅游,阿 P 一家就有些抬不起头来。阿 P 还可以硬撑,老婆孩子却受不了。先不说孩子,老婆常趁夜深人静孩子睡了时,在被窝里敲打拷问阿 P:“不看别人,你看看对门老王两口子,和咱一样,也是工薪阶层,也要供老人、供孩子,可人家去年去了一次海南岛,今年五一去了趟北戴河,前天他老婆还跟我炫耀说他们国庆节要去东南亚了,你说一样的人,差距咋那么大呢?"

阿P也纳闷,只能说:"猪向前拱鸡往后刨,各有各的法子。你别看老王平常悄没声息的,可小鸡不尿尿,人家可能另有道道呀。"

老婆就眼泪汪汪地打击阿P:"就你没有本事,每个长假在家窝着,让老婆孩子被人瞧不起。"

一个大男人,站起来一根躺下一条,出门却被人家觉得没用,夜半三更被老婆说没本事,这人还有什么做头? 阿P一咬牙,就下了决心:"要不豁出去了,国庆咱也出去一趟?"

"真的假的? 吹牛吧?"老婆话虽这么说,却明显激动起来。

阿P被她激得豪情万丈:"当然是真的,不就是'驴'游嘛?'马'游咱也去。"

老婆啃了他一口:"对,卖了孩子买笼屉,咱不蒸馒头蒸(争)口气,好老公,咱到哪里去?"

这可要涉及具体的消费了,阿P的冲天气焰顿时平息下来,他扳着指头算计了半天,终于说:"到乡下,我听说有旅行社推出了一种农家游,每人每天连吃带住五十元就够了,咱出去六天,每人三百元钱,一家三口,一千元就够了……"

没等阿P说完,老婆一个180度大翻身,给了他一个后脊梁:"就这种便宜线路,丢人都丢到你姥姥家去了,让人家听到了,不笑死你才怪!"

阿P想想老婆说的也有道理,顿时气馁。他翻来覆去睡不着,想想做人的面子,又想想兜里的钱包,只能暗暗叹气。

再说阿P的女儿,刚上小学三年级,小小年纪,也知道和人家攀比。这天放学一回家,女儿噘着的小嘴都能挂上油瓶了,硬是不去搭理阿P。原来今天上语文课,老师让大家写篇游记,人家同学有的写去泰山看日出,有的写去庐山观瀑布,她倒好,只能写到人民公园去看猴山,自己都觉得难为情。

　　阿 P 知道女儿不高兴的原因后,立刻去买了几本登有游记的小学生作文选,拿回家让女儿参考,让她以后再写游记时好好编一篇,把面子再挣回来。

　　女儿翻了几页,高兴起来,指着一篇文章,兴冲冲地说:"下次我就写我去太空旅游,馋死他们。"

　　阿 P 一呆,赶紧说:"千万别吹得太离谱。"忽然,他心中一动,顿时有了个绝妙的主意。

　　国庆节就快到了,邻居们见面时的话题渐渐都转移到了旅游上。这天,阿 P 在楼下碰到对门邻居老王。老王这人也是,哪壶不开提哪壶,凑过来笑嘻嘻地问:"阿 P 呀,国庆打算到哪里去玩?"

　　阿 P 反问他:"你到哪里去?"

　　老王神气地说:"东南亚,这几年净在国内转,玩够了,没意思,这次出国玩玩去。也不贵,一人才五千元。阿 P,你去哪里?"

　　阿 P 便轻松随便地说:"我到旅行社看了,欧洲游很火,我们准备到欧洲看看。"

　　再看老王,两眼瞪着阿 P,眼珠子都不动弹了,舌头似乎也捋不直了:"欧……欧洲? 那一人得多少钱,一万?"

　　阿 P 微笑着摇摇头,那意思自然是一万元怎么够,他说:"这几年一直没倒出空来,这次要领着她们娘俩好好出去转一转。"阿 P 看着老王羡慕的样子,差点没笑出声来,抬脚上了楼,让老王自己去傻琢磨吧!

　　回到家,阿 P 向老婆说了自己的欧洲游计划,老婆一听就蹦了起来:"什么,你疯了吧? 把咱俩都卖了也凑不出那么多钱呀?"

　　阿 P 一把捂住老婆的嘴,说:"你小点儿声,咱谁也不卖,你听我说……"虽然是在家里,他还是把嘴凑到老婆耳边,如此这般地说了一番。

老婆听完,半晌没说话,叹了口气,担心地问:"能行吗?"

"绝对没事。"阿P很有把握地说。

于是,第二天,满楼的人都知道阿P一家国庆要去欧洲旅游了,顿时引起了不小的轰动。阿P的老婆、女儿一露面,就成了众人注目的中心,人们目光里全是羡慕与嫉妒,有的还酸溜溜地问:"你们什么时候出发呀?"

阿P的老婆神采飞扬,她说:"我可没空跟你们细说,我要忙我们一家三口出国的服装呢。"

阿P也不闲着,进进出出手里总是攥着一大把旅行社的宣传单,碰到老王,还虚心向他请教:"老王,你这几年与旅行社打交道多,你说哪一家旅行社可靠?"

老王明显是嫉妒他,支支吾吾半天,就是不告诉阿P,让阿P自己选。阿P也不生气,"哗哗"抖着手里的那把宣传单走开了,脸上一副很苦恼、很忧愁的样子:"唉,花了眼了,到底哪家好呢?"

老王看着他的背影,怅然若失。

国庆的前一天,一大早,阿P一家大张旗鼓地出发了,惊动了不少人出来看。老王一家也出来了,他们已确定去东南亚旅行,要第二天才出发。

阿P故意气老王:"东南亚也不错,好好玩吧,我可要到欧洲尼罗河边钓鱼了。"

阿P的老婆赶紧捅捅他,悄声说:"莱茵河,尼罗河在非洲。"

幸亏老王没听出来,板着脸说:"我到泰国海边钓带鱼。"

傍晚时分,阿P一家抵达了"欧洲",这是一处名叫"藕洲"的偏僻小镇,空气很清新,风光也不错,到处是荷花淀,能钓鱼能划船,而且住宿饮食非常便宜。阿P一家将在这里度过七天隐居的时光。

阿P已提前秘密调查过了,自己和爱人的所有同事、朋友、邻居中没有一个家是这里的。这个小镇上没人会认识他们,除了他们一家三口,谁也不会知道他们的豪华假期是在这个"欧洲"度过的。在他们的行李包中,已为这次欧洲之行准备了完美的证据——阿 P 请一位要好的同学为他们一家用电脑合成了一些照片,背景是欧洲的各著名景点,其中一张是阿 P 在莱茵河畔钓鱼。

阿 P 的这个欧洲游的计划可谓天衣无缝,他唯一担心的就是女儿,怕她不肯就范。没想到小家伙挺通情达理,在车上见爸爸妈妈背着她一脸忧伤地嘀嘀咕咕,就主动说:"行了,不就是弄虚作假嘛,我懂,我也怕丢人!"一句话,说得阿 P 两口子心酸酸的,眼热热的,觉着对不起女儿。幸亏到了藕洲,看到大片的荷花后,头一次出远门的女儿兴奋得欢呼雀跃,这才让阿 P 松了一口气。

第二天,阿 P 租了一条小船,一家三口在荷花池里荡漾了一天,三人头上都顶了一片大荷叶,时而钓鱼,时而划船,阿 P 还赤膊下水,采来了鲜藕。一天下来,女儿的笑声就一直没有停止过,看着女儿兴奋的小脸,阿 P 感慨万千,心中隐隐地想:只要心情舒畅,到哪里度假都一样,到欧洲去,说不定还不会这样开心呢。

直到傍晚,他们才踏着落日的余晖尽兴而归,回到了镇上唯一的小旅馆里。

晚饭是炒藕片、炖白鲢鱼,店主人做好后端到了他们的房间。顿时,房间里香气四溢,阿 P 邀店主一起吃饭,朴实的店主也不客气,还拿来了自制的荷花酒。这一顿,阿 P 他们吃得格外香甜。

正吃着,外面院门响了,有人问:"有人吗?住宿。"店主人忙出去接待客人去了。

阿 P 觉着这声音很是熟悉,不由紧张起来:难道在这里会遇到熟人？再看老婆,脸色也变了。

　　只听女儿小声说:"是王伯伯。"

　　阿P马上说:"不可能,人家去东南亚旅游去了,咋会来这里?"话一出口,猛地想起,自己不也是到欧洲去了吗?

　　阿P将门轻轻拉开一条缝,但见院中站着三个人,头上戴着写有"东南亚旅游纪念"字样的遮阳帽,不是老王一家人还能是谁?

　　阿P先是很紧张,但转念一想,也没什么好躲闪的,于是一拉门,大步走了出去,大声说:"欢迎光临欧洲!"

(黄　胜)

(**题图**:李　加)

阿 P 遭罚款

　　阿 P 买了一辆新车,就兴冲冲带妻子小兰进城兜风。路过一家商店,妻子说要进去买件内衣,阿 P 不敢违令,忙把车停下,让妻子先下去。这时,一个"大盖帽"冲过来:"喂,谁让你在这儿停车?罚款!"阿 P 吓破了胆,也顾不上与小兰打招呼,油门一轰把车开走了。跑了好长一段路,发现背后没了动静,阿 P 得意地笑了起来:嘿嘿,就你那两下,还想罚我阿 P 的款?

　　哪知,没过一分钟阿 P 就得意不起来了。为啥?没处停车呀!街道两旁被各种车子塞得满满当当的,阿 P 伸长脖子左看看右瞧瞧,急得脑门渗出汗来。

　　阿 P 开车兜了一圈,忽然眼睛一亮,看到一家银行门前停着一辆"广本",于是放慢车速开了过去。他从车窗探出脑袋一瞧,高兴得咧开嘴笑了,原来街边黄线内豁然写着"停车"两个大字。真是得来全不费工夫啊! 阿 P 麻利地将车开进停车位停下,钻出车来就要去找小兰,哪知他还没走两步路,背后就有人喊:"喂! 谁在这儿乱停车,罚款 100 元!"

"开什么玩笑,吓唬老百姓啊!"阿 P 以为说话的是保安人员,可扭过头一瞧,不禁愣了:一名穿戴齐整的胖子交警正怒目圆瞪地站在他背后。

阿 P 这就弄不明白了,眨巴着眼睛问道:"警察同志,有没有搞错? 这儿不是明明写着'停车'吗,怎么还要罚款?"

胖子把脸一拉,往停着的那辆"广本"车肚子底下指了指,说:"老兄,请你看清楚喽!"

阿 P 忙蹲下身子,一瞧,禁不住瞪大了双眼:原来那辆车底下的路面上,还写着"严禁"两个字呢。胖子走过来,拍了拍他的肩膀,说:"看清楚没有,这儿是'严禁停车'啦! 你还有什么话说,快交罚款吧!"

阿 P 傻了眼,心想:我阿 P 好歹也有头有脸的,第一次上路就被罚了款,传出去还怎么混呀? 就狡辩道:"人家能停,我为什么不能停?"

胖子不高兴了,把脸一板,说:"你这人,怎么这样说话? 昨晚城南村还杀人呢,你也去杀人? 实话告诉你吧,今天就这位置已经罚了五辆车,你算是第六辆了……怎么,不服气啊? 好,把驾照拿来!"

阿 P 一听要拿驾照,软了,赶忙掏出烟来:"同志,有事好商量嘛,您看现在挣两个钱多不容易,嘿嘿……能不能高抬贵手,通融通融,原谅我这一回,改日我请您喝酒!"

"这才像人话嘛!"胖子扫了阿 P 一眼,看了看手表,对阿 P 说,"看你认错态度还好,又念你是初犯,这样吧,今天就不罚你的款,只作扣车处理,你的车必须在这里停两个小时。这是给你一个教训,记住,下一次就不敢乱停车了!"

阿 P 眉头一皱:"这儿不是不能停车吗? 刚才还没停 10 秒钟你就要罚我 100 元,现在要停两个小时,到时你累加起来罚我,我哪受得了哇!"

胖子笑了笑,说:"这条街归我管,我说了算。你要是愿意,就把车子停下,想干啥就干啥,11 点半我交班时你过来取;要是不愿意,就别怪我不留情面,我这罚单一撕可就算数了,迟交了还要滞纳金的!"

这时,人行道那头走来一位年轻人,那人指了指腕上的手表,对胖子说:"你看,我已经超时了,你让我开走吧,我真的有急事。"胖子瞥了那人一眼,从兜里摸出一串车钥匙交给他。等车子一开走,就朝那空位努努嘴,对阿 P 说:"把车子开过去吧!"

阿 P 这下明白了:原来是要他顶替那辆"广本"把路面上"严禁"两个字遮住,露出"停车"两个字,好引诱别的车上钩呀。

阿 P 想了想,觉得这事挺有趣的,就爽快地说:"好,好!"说着,把车子开到"严禁"处停稳。胖子满意地点点头,哼着小曲,一摇三摆地走进街边一个小茶馆喝茶去了。

阿 P 望着胖子的背影,长长地叹了一口气。这当儿,一个漂亮妹妹开着辆"甲壳虫"打着转向灯开过来,想在"停车"处停车。眼看猎物就要上钩,阿 P 忽然改变了主意,朝那辆车一边挥手一边喊道:"喂,这儿严禁停车,要罚款的!"那漂亮妹妹听到警告,探出头看了一会,若有所悟,就朝阿 P 恬然一笑,方向盘一打,走了。

胖子透着茶馆玻璃门看到眼前这一幕,哪里还坐得住,怒气冲冲地跑出来,瞪着阿 P 嚷道:"干什么,干什么? 你不去逛街啦?"

阿 P 做了一件好事,又接受了人家的一个微笑,仿佛自己就是专打抱不平的侠客,把胸脯一挺,说:"没干啥,今天出门忘了带钱,上街也没啥意思。反正闲着也是闲着,就义务帮你们维持交通秩序吧!"

见阿P说话怪模怪样的神情,胖子心里一惊,知道今天碰上对手了,就缓下口气说:"算了,算了,你别狗咬耗子了。走,我请你到那边喝茶去。"

阿P一听这话,心里更得意了,摇摇头,沉默不语。胖子摆摆手:"得了,你把车子开走吧!"

可阿P并不领情,说:"开走? 开哪去? 我不是说了嘛,今天出门没带钱,你让我上哪儿停车呀! 今天我哪里也不去了,专门在这儿呆着!"说着,往屁股下垫了张餐巾纸,坐了下来。

胖子一看阿P这架势,脸都气青了。他想了想,脸上堆起了笑意,对阿P说:"好了,好了,给你10元钱,你把车子开到对面停车场去停吧。"

哪知阿P还是不领情:"不行! 咱们有言在先,说话可要算数,现在不是讲诚信吗? 今天没等到11点半,我是不会走的!"

这阿P软硬不吃,把胖子搞得火冒三丈:"你……你……你到底想干什么?"

"嘿嘿,不干什么,今天我只想管一管闲事!"

这时,又有一辆工具车冒冒失失地开过来,要在"停车"处停车,阿P发现了,二话不说,站起来,挥挥手将车赶跑了。

胖子忍无可忍,从腰间掏出手机:"好,你有种! 哼,有你车牌号在,我就不信查不出你是哪一路神仙!"说着他背过身去,对着手机"叽里咕噜"说了一通话。不一会儿工夫,开来一车大盖帽,为首的一位跳下车,冲这边嚷道:"哪一个敢在这里撒野,把证收了,带回去处理!"

阿P被这突如其来的一着弄得措手不及,顿时心有点发虚。然而,阿P毕竟是见过世面的,惊慌片刻,又镇静下来,从兜里掏出一架手机,晃了晃,说:"你们乱罚款,乱收费,我可是抓到了把柄,这儿全程录音了。"

为首的那位一听这话,脸色陡变,马上转变态度说:"误会,误会,有事好商量,好商量!"

阿P一看抓到了对方的软肋,又来劲了,像个大英雄似的,站到银行门口的台阶上,像领导做报告似的,提高嗓门说:"你们的做法是不对的,现在提倡以人为本,文明执法……"哪知,他话只说了一半,忽然像话筒断了电,戛然而止,没了声音。

你道为啥?原来,他远远地就看见妻子小兰像斗牛场刚出场的野牛,正气势汹汹地朝这边走来,这才想起忘了陪她逛街了,顿时像泄了气的皮球,不知如何收场。

果然,小兰冲上来一把揪住他的耳朵,一边往车上拖,一边骂道:"死鬼,到处找你,你却在这里耍猴戏啊!打你手机为什么不接?"

阿P捂着耳朵:"哎哟,哎哟,松松手,我手机没……没……"他想说没电,又怕说漏了嘴,忙趁势坐上小车,溜之大吉。

离开这是非之地,阿P长长地吁了一口气,可一看妻子,脸上乌云密布。他知道,回去后一场战争是免不了的,但一想到刚才教训大盖帽的情景,忍不住得意地吹起口哨来……

(谢元清)

(题图:李 加)

下岗——苦中作乐

要使整个人生都过得舒适、愉快,这是不可能的,因此人类必须具备一种能够应付逆境的态度。

阿 P 当「老板」

　　阿 P 最近因工厂不景气,下了岗。此后他处处留意招工广告,想找个新工作,可试了几家,都因自己一没技术,二又嫌比原来的工作苦,没干成。

　　这天,阿 P 按信息服务部的招工启事,来到郊县一家个体家具厂。谁知他刚走进工厂办公室,对面办公桌后面坐着的那位,看到阿 P 进来竟大吃一惊,张大嘴巴,眼镜也差点掉下来,呆呆地看了阿 P 半天,才结结巴巴地说:"金……金老板,你……你回来啦?"

　　"我不姓金,我叫阿 P。"阿 P 连忙摆手。

　　那位"眼镜"围着阿 P 转了几圈,连连说:"真像,太像了,简直就跟咱金老板一模一样!"他又急忙从抽屉里翻出几张照片,阿P一看，照片上的人真的跟自己长相一样，只不过自己穿着普通，而照片上那人身穿名牌西服而已。

惊奇之余阿P又失望了，看来这个工作又不成了："你们这里不会缺老板吧?"说着，开门要走。

"回来，回来!"眼镜忙拉住阿P，"我们有件事求你帮忙。"

"求我帮忙?"阿P不知能帮他干什么。

原来这厂是个姓金的办的，不过半年前他到东北进木料，一去就没了音讯。后来公安局来了通知，说从一个出了车祸的车上发现了一个死者的身份证，正是这个金老板的，尸体已火化。金老板就这样从此消失了。

"那你到底要我干什么?"阿P问。

"以前给我们销货的几家见金老板不回来了，故意刁难，不付欠款了。最多的那家欠两万多元，连欠条也找不到，老板娘去要了几次也不给，还说都是同金老板交易的，只有见了他才给钱。我想让你扮成金老板去要!"眼镜很早就同金老板一起闯天下，现在主管这个厂账目，很尽心尽力，他一面拦住阿P，一面忙打电话找来老板娘，商量这件事。

老板娘见了阿P几乎惊叫起来，阿P长得和自己丈夫实在太像了! 她非常赞成眼镜的主意，一见阿P面露犹豫之色，忙说："这样行不行? 要回多少，按百分之十给你提成;就算一分钱都要不回来，我也给你五百元钱!"

阿P一想，又不费力气又能挣到钱，不正合自己心意嘛，于是就点头同意了。

阿P换上金老板的西装，老板娘告诉他一些金老板的习惯、动作、语调，然后第二天一早，他就跟着老板娘、眼镜，三个人一起来到一位叫"老孙"的家。

老板娘先进屋，老孙照旧推托说同金老板有好多事没谈清，不能付款。

"那叫他立刻来同你谈清,行不行?"老板娘说。

老孙一惊,他知道金老板出车祸死了,难道死人又活过来不成?他想了想,不可能!于是马上说:"只要他来了,我立刻给钱。"

老板娘一拍手,门"哗"地打开,阿 P 一副金老板扮相,叼着一根烟走了进来:"老孙,还有什么没谈清,是不是找个地方谈谈?"

老孙一听,脸马上变了色,手中的茶杯"啪"地掉到地上,语无伦次地说:"你不是……怎么又……"

"你说我死了?你是不是盼着我死掉好赖账了?"阿 P 一字一句说着,副近老孙。老孙一步步往后退,结结巴巴地说:"金……金老板,没……没那意思,我还,我还钱!"说着,立刻躜进里屋,取出钱来:"欠你两万一千多,我这里就有两万,你说过可以少要点的……"

老板娘拿过钱,几个人出了屋。阿 P 临出门时还转过头说:"老孙,有空去我那儿喝酒,不去我可派人来拽你。"

老孙一屁股坐在地上,小声嘟囔:"拽我也不去,真是活见鬼了,人都死了还来要账……"

阿 P 轻而易举地得到了两千块钱,老板娘一高兴,就把丈夫的那身西服送给了阿 P,还说保持联系,以后有了事还得请他。

阿 P 喜滋滋和老板娘道了别,向车站走去,准备搭车回来。路过一家装修得富丽堂皇的酒楼时,突然,有人叫住了他:"哟,金老板!"阿 P 掉头一看,一个胖经理正送客人,见了自己,竟笑着迎上来说:"您可好久没来小店了。"

阿 P 心想:又被人错认了,看来金老板经常光顾这家饭店。阿 P 平时是不敢到这么高档的饭店吃饭的,现在口袋里有两千块钱垫底,胆子壮了许多,加上他觉得当老板的滋味不错,想延长一下这种感受,于是就随口应道:"是啊,出了趟远门。"

"我说嘛,"胖经理拉着阿P进了饭店一个雅间,"有人说你出了事,我说不可能,金老板福大命大,不会出事的,一定是搞错了。"说着,又冲店里大声喊道:"快,把金老板爱吃的好菜都端上来,我要同金老板好好喝一回。"不一会儿,满满一桌酒菜果然摆了上来。阿P忙立起身,说:"这么多菜,我吃不了的……""怎么金老板变得小气啦,这可不是你金老板的脾气。慢慢喝着,一会儿曼娜小姐过来,你们叙叙旧有多美。"

原来金老板还是个"花心汉"!阿P决定赶紧走,一顿饭好打发,要是来个"三陪小姐",自己这两千块钱怕不够了。他推说自己有事,拿出二百元钱放到桌上:"这是饭钱,我以后有空再来吧。"

"别走!"胖经理拦住阿P,脸上的笑容不见了。他拿起那二百块钱晃了晃:"这么两张就打发了我?别忘了,你欠我们的饭费、住宿费有五千多块了,你一走就是半年多,我们去你家讨债还被骂了出来。今天好不容易见到你,你能轻而易举就出这个门吗?"

阿P叫苦不迭,忙说:"你们弄错了,我不是金老板,我是阿P。"

"还想隐姓埋名?没那么容易,吃饭时是金老板,给钱时就成阿P了,哄三岁小孩也没人信呀!"胖经理一挥手,几个大汉冲上来围住阿P:"快还了欠债再走,不然让你吃不了兜着走……"

(刘六良)

(题图:李 加)

阿P做生意

　　阿P从厂里下岗后,在自家楼下租了间铺面,开起了火锅店。火锅店开张后生意还不错,阿P心里美滋滋的,进来出去嘴里常哼着小调。

　　可快活了没几天,他就遇上了一件倒霉事。

　　这天凌晨一点多钟,来了一群客人,足足有十多个,都是年轻小伙子和姑娘。他们一坐下就点了不少酒菜,然后互相劝酒猜拳,足足闹腾到早上三点钟。阿P跑前跑后地招呼,最后实在是累了,正坐在柜台后面打瞌睡的时候,这群客人不知怎么的突然大声吵了起来,随后大打出手,又摔杯子又踢桌子。

　　阿P赶紧跳起来跑上去调解:"不要打了,有什么问题大家坐下来好好说嘛。"可那群年轻人根本不理他,反而越打越热闹,桌子都快砸坏了。

阿P见劝说无效，只好喊道："要打你们到门口去打，别把我的东西打坏了！"那群人这回倒是听了，一路打到了门外。

阿P刚刚喘了口气，就听老婆大叫一声："挨千刀的，别跑！"阿P一溜小跑到门口一看，那群年轻人已经跑得远远的了。阿P这时才明白过来，自己遇上了耍无赖的小流氓，吃饱喝足后假装打架"逃单"。阿P又气又恨，可一点办法都没有，急忙算了一下损失：乖乖，菜钱酒钱和店里被打坏的东西，合计起来竟有四百多块。两口子心疼得连互相埋怨的力气都没有了。

第二天，阿P把这件事告诉了邻居小二。小二是个小混混，也是社会上的"老油子"了，他听了以后哈哈大笑，说道："你呀，就是太老实了，对付这种流氓要'黑吃黑'，让他们怕你才行。下次看到苗头不对，赶快给我打个电话，我来教你怎么办。"

一个月后的一天深夜，阿P又遇到了像上次那种情况。这次是五六个小青年在一起，喝着喝着就为了敬酒的小事吵了起来，阿P一看苗头不对，怕再碰上"逃单"的，赶紧打电话通知小二。

小二倒是说话算数，五分钟后就出现在阿P的火锅店门口，他一进门二话没说，拿出手机"嘀嘀嘀"地拨了个号码，然后对着电话大声嚷嚷："喂，是光头吗？我是李老大，今晚的事办得怎么样了？兄弟们有没有伤亡？好，好！叫弟兄们待会儿到我哥开的火锅店里来喝酒，老大我请客！"

说来奇怪，小二电话还没打完，刚才闹得很凶的几个小青年就停止了吵闹，他们带着一种敬畏的表情看着小二，然后老老实实地把桌上的东西吃光，付了钱后匆匆地走了。

这一幕把阿P看得目瞪口呆，连声称小二为师傅。

可小二还是那副满不在乎的样子，轻描淡写地说："看到没有，其实我根本就没打电话，不过自言自语罢了，遇到这种情况，就要装作自己是个更坏的坏人,要从气势上把这些小流氓压倒,这就叫作'黑吃黑'!以后遇到情况不妙就用我这招,准行。"

阿P一脸虔诚地听着,把每一句话都记在了心里。

十来天后的一个深夜,阿P迎来了几个表情冷峻的客人,他立刻提高了警惕,给客人上齐酒菜后,他就退回到柜台背后,耳朵支起来听他们说话。

那桌客人说话声音很低,像是不想让人听见,阿P只隐隐听到"抢了一万多"、"又杀了一个人"之类的话,阿P倒吸了一口冷气,这回不得了了,白吃白喝不说,闹不好还得出人命哩。怎么办?阿P搓着手在屋里转了一阵,决定把小二教的那招使出来。

阿P倒了一两白酒喝下肚,顿时胆子大了许多,于是就拿起柜台上的电话,装模作样地拨了个号,然后对着话筒说了起来,声音不大不小,正好让那些客人能听到:"是老陈吗?今天他们钱来了没有?什么?只给两万?你跟他们说,一分都不能少,最迟明天交钱,不然就撕票!"然后"啪"地把电话挂了。

做完这一切,阿P用眼角偷偷一扫,见那几位客人的神色果然都变了,心中不由得意起来:原来演戏也不是很难啊,花拳绣腿来这么几下就行了。

阿P正暗自高兴着呐,突然觉得眼前有个黑影一闪,还没回过神来,后面上来两个客人,用力抓住他的手臂,将他牢牢摁倒在柜台上。

阿P急得哇哇乱叫:"不要动手,不要动手,不就是想白吃吗?好,今天我请客还不行吗?"

可那些人还是不松手,其中一个30多岁的男人从怀里掏出一个证件,对着阿P晃了一晃,严肃地说:"我们是市公安局刑警支队的,现在怀疑你与一起绑架案有关,请你跟我们走一趟!"

阿 P 做梦都没想到,自己一眨眼的工夫就成了罪犯,他赶紧表白:"我、我可是规规矩矩做生意,没做过坏事呀。"

警察冷冷一笑:"你刚才在电话里都说了些什么,还规规矩矩? 走,有什么话到局里再说!"

阿 P 傻了眼,此时他才明白,自己跟警察演起了"黑吃黑"!

经过一番周折,阿 P 终于走出了派出所。他摸着被警察扭痛的手臂,嘴里就骂小二尽出馊主意。

骂着骂着,阿 P 想到自己好歹也当了一回黑老大,他一下子又神气起来,忘了刚才的烦恼,嘴里哼起了小调。

(罗天文)

(**题图**:李 加)

阿 P 圆美梦

　　阿 P 下岗了,他自费去学开车,可领到驾照以后才发现,这口饭也不好吃,他动用所有的亲朋好友帮忙,然而最终仍没找上个能给他开车的单位。

　　日有所思,夜有所梦,这天晚上,阿 P 梦见自己捡了张长城信用卡,根据线索,找到了丢卡的某合资公司大老板,人家当即送给他一辆崭新的桑塔纳轿车。阿 P 高兴极了,开着车便往家赶,不料方向盘突然失灵,汽车一头撞在墙上,屁股也被狠狠地撞了一下,他顿时给吓醒了……

　　"你这死鬼要干啥?"原来是阿 P 把妻子的胳膊当方向盘,妻子被扭疼了,照他的屁股踹了一脚。

　　眼看到手的汽车让妻子这一脚给踹掉了,阿 P 心疼极了:

"你就不能先忍耐一会儿,让我过过车瘾?"

"梦里过车瘾顶屁用,有本事找个单位开车,那多实在!"

"找单位太难了,最理想的还是有人能送我辆车。"

"美的你,人家凭啥送你车?"

"嘿,刚才,有位中外合资的大老板就送给了我一辆桑塔纳。可惜是个梦,要是真的该多好!"

妻子突然坐起身,说:"这倒是个好兆头!"

"啥好兆头?"阿P奇怪地问。

妻子拉开灯,从床头柜上摸过一张晚报,指着一条消息说:"社会上正在推销福利彩票,那头等奖就是奖一辆桑塔纳轿车,你的那个梦是个好兆头,说明你与头等奖有缘,咱豁上二百块,不信就抓不来那辆'桑塔纳'!"

阿P被妻子鼓动得十分兴奋,只觉得眼前一片光明,他得意地说:"抓到桑塔纳以后,咱就用它跑出租,一个月挣五千,一年就是六万。到那时,你也不必起早贪黑去上班了,干脆在家安安稳稳当家庭妇女!"

第二天,阿P带上钱,来到体育场,这里现在是全市最大的福利彩票销售点,场内场外人山人海,领奖台上红旗招展、锣鼓喧天,高音喇叭里不时地广播着中奖喜讯:有人得了彩电,有人得了冰箱,有人得了自行车……唯有那四辆披了红绸的桑塔纳轿车,还稳稳地停在领奖台上。阿P见状,心中大喜,看来,这车是专门给我留的,我今天绝不贪多,要一辆就够了。

阿P先摸了八张,这是个吉利的数字。可是揭开一看,全是"感谢支持"四个字。阿P换了个地方,又抓了18张,还是什么奖都没有。一气之下,他干脆买了80张,这次总算没剃光头、碰上了个"再摸一次"的末等奖。他很看重这张奖励的彩票,那桑塔纳准在这张彩票内。结果再摸一张,仍是"感谢支持"四个字,气得他差点晕了过去。

阿P望着大街上那一辆辆擦身而过的桑塔纳轿车,顿时产生了一种失落感,他很苦恼,又很无奈,为圆这轿车梦,干脆拦了一辆桑塔纳出租车。

阿P一躬身钻进了车后座,向女司机报完站名,一低头,见驾驶座后面有个黑色的小提包,阿P的心顿时"怦怦怦"狂跳起来,这后座与前座之间隔着防暴网,司机的东西是不可能放在这里的,一定是乘客的遗留之物。阿P想拉开拉链看看是啥东西,可又怕开车的姑娘从后视镜里发现。他用双脚夹住提包一试,沉甸甸的,又想起厂里的会计到银行取款也常用这样的兜,这也许是一笔巨款,如超过二十万,买辆桑塔纳绰绰有余。想起昨晚那个梦,阿P更肯定自己发了大财。

阿P怕夜长梦多,马上选了个车多人挤的闹市地段,对女司机说:"同志,对不起,我有点急事要在这里下车。"边说边从后面递过二十元,又说声"不用找了",车一停,他便提上提包下了车。

为避免女司机的注意,阿P便朝着相反的方向疾走,边走边往后看,几次不小心撞在行人身上。他这慌不择路的神态没引起女司机的注意,却让两个沿街巡逻的警察看见了。

阿P没这方面的经验,他若是放慢脚步,或是干脆停下,谁也不会怀疑的。谁知他见了警察,觉得比那女司机更可怕,因这毕竟是从人家车上拿的东西,跟偷没多大区别,阿P心一虚,神色也就变得可疑起来。

两位警察自然不会放过形迹可疑的人,便紧紧地跟了上去,并把警棍握在手里。

阿P吓坏了,正好来到一条胡同口,就猛地钻了进去,大步跑了起来。

警察一见,断定此人是不法分子,一边紧追不舍,一边高喊"站住!"

阿P不但不站住,反而跑得更快了,出了胡同口往左一拐,见旁边有座拆了一半的旧房基,就决定先销赃,他见四下无人,便扬起右手把黑提包向房基内扔去……

"轰——"随着一声剧烈的爆炸声,阿P眼睛一黑,什么也不知道了……

阿P醒过来时,发现自己身上缠满了绷带,正躺在医院的病床上。公安人员见他醒了过来,便问他那个炸药包是从什么地方弄来的,阿P怎么讲得清楚啊,连比带划说了大半天,才把事情的经过说了个大概。公安人员根据阿P提供的线索,找到那位开出租车的女司机,经过一番调查,终于弄清了事情的来龙去脉——

原来,女司机开的那辆车是跟她原来的男朋友合伙买的。后来她的男朋友染上了赌博的恶习,最后进了牢房。男朋友刑满释放出来后,听说女司机已经结婚,一气之下,便装了一提兜炸药,拉火管就连在拉链上,只要一拉就爆炸,然后,他花高价雇人偷偷将炸药包放在女司机的车上。可是女司机还没发现,却让阿P给"顺手牵羊"拿下来了,要不是警察追得急,他就是那姑娘的替死鬼了。

阿P轿车梦尽管破灭,但是那个梦却一直令他激动不已,每当夜深人静,他就会美滋滋地回忆起老板奖的那辆桑塔纳。

(刘志平)

(**题图**:蔡传生)

阿 P 掌大权

　　阿 P 最近下岗了,他随着南下打工的人流来到了上海,经过一番努力,在"飘逸浴室"找到一份工作。如今他每天要做的事,就是清洗澡堂和替人搓背。

　　飘逸浴室是个大众化的澡堂,浴池很大,容得下几十个人同时沐浴。朝东是男浴室,朝西是女浴室,男女浴室相隔一堵墙,中间有一扇木门,平时锁着,打扫澡堂时,才把锁打开,方便清洁工来回清扫。

　　上班第一天,老板就将一把沟通男女浴室之门的钥匙交给了阿 P。阿 P 接过钥匙,不免一阵耳热心跳。他觉得这不只是一把钥匙,这是一种特权,从今以后,自己就能堂而皇之地踏进女人世界,阿 P 当时就有点飘飘然了。

老板交待完，走了。阿P呆在男浴室里，看着男浴客们脱得赤条条地浸泡在热水中优哉游哉，他觉得时间过得特别慢。好不容易熬到半夜，最后一名浴客离去，阿P才精神抖擞起来。他急急忙忙用水龙头把男浴室冲洗了一遍，然后，迅速掏出那把令人心驰神荡的钥匙，他的手微微颤抖着，好半天才打开通往女浴室的木门。其实，女浴室里早已人去池空，可阿P还是像踏入禁区一样激动，一边冲洗，一边想入非非。

"阿P，你发什么呆？快干活，你不回家我们还要回家呢！"几个等着下班的职工见阿P迟迟不出来，忍不住在外面催着。阿P顿时惊慌失措，以为被人发现了心里的秘密，赶紧收拾完工具，匆匆关上木门。

第二天午后，正值沐浴高峰，浴室里进来一位特别肥胖的中年人，这胖子看起来体重肯定超过100公斤，脱光衣服后，活像个柴油桶，浑身的肉是一走一哆嗦。他在热气腾腾的澡堂里浸泡了一会后，就向阿P招招手，示意要搓背。

阿P心里"扑通、扑通"乱跳，心想：这么个肥哥，不好服侍呀。只见胖子手摸着浴池边的墙壁，觉得瓷砖的墙面太滑了，就转过头，看见旁边有一扇木门，门上有个不锈钢把手，扶着它正好可以稳稳当当地搓背。于是胖子就紧紧抓住门把手，翘起屁股，闭上眼睛，准备好好享受一番搓背的乐趣。

见躲不过了，阿P只好上前，小心翼翼地为这位肥哥搓起背来。搓着搓着，胖子开口了："兄弟，你没吃中饭吧？"阿P没听出他的话中含意，"嘿嘿"笑道："吃了，吃了两大碗呢。"胖子说："那你使点劲呀。"阿P这才反应过来，他拍拍胸膛，用足力气为胖子搓起来。

可胖子还嫌不过瘾，大喊："使劲一点！使劲一点！"阿P使出吃奶的力气，用劲一搓，意想不到的事情发生了，只听"哐"的一声，连接男女浴室的木门被撞开了，一丝不挂的胖子一头滚进了隔壁的女浴池。原来,昨晚阿 P 心不在焉,关上木门时忘记锁了。这下不得了,女浴室那边顿时像炸了营的马蜂窝,一片尖叫声。

好半天,才听得那边一位女浴客歇斯底里地喊道:"快关门!快关门!"阿 P 早已吓呆了,听到喊声,惊慌失措地赶紧"嘭"的一声关上了门。可哪里想到,胖子还在女浴室那边! 只听隔壁隐隐传来胖子有气无力的哀嚎:"快开门! 快开门!"这下阿 P 可难了,开也不是,不开也不是。折腾了半天,好不容易把门半开半掩地让胖子爬了过来。

阿 P 心凉了,出了这样的事情,浴室的生意肯定要受影响,老板炒他的鱿鱼看来是炒定了。

澡堂惊艳的故事,一时间成为街头巷尾茶余饭后的笑料,可是谁也没想到,飘逸浴室的生意非但没有清淡,反而越来越红火。更为出人意料的是,发工资的时候,阿 P 的工资非但分文不少,老板还给他外加了一个小红包,把阿 P 弄得是云里雾里,百思不得其解。

飘逸浴室的生意越来越好,不过从此以后,这样的故事却是再也没有发生过。偶尔,会有人和阿 P 开玩笑,问他:"阿 P,那回看到什么了?"阿 P 就会一昂脑袋,挺自豪地说:"我阿 P 走南闯北见得多了,这算啥呀!"

(朱玉来)

(题图:李　加)

阿P奇遇记

前段时间,阿P下岗没活儿干,偏偏儿子刚出世,正等着用钱,阿P走投无路,咬咬牙和一伙民工一起到邻省挖煤。阿P在煤窑苦干了一个月,脱了好几层皮,可没等到月底发钱,煤窑就塌了,十几个民工被活活埋在里面。事情一出,煤窑老板立刻不见了踪影。

要不怎么说阿P命大呢,那天他重感冒,没下窑,算是捡了一条命回来。一想起这事,他就一阵阵地后怕,可转念一想,大难不死,必有后福。阿P决定到南方沿海城市碰碰运气。临上车前,阿P买了一把玩具手枪带着,他想好了,不管挣不挣得到钱,都得先给儿子准备一件礼物才行。

坐了两天的车,阿P终于来到了一座沿海大城市,摸摸口袋里剩下的 5 元钱,他决定先买两个包子充充饥。

谁知他掏钱的时候,胳膊肘碰到了一只黑乎乎的小手,低头一看,原来是个不过十一二岁的小乞丐。阿 P 咧咧嘴,说道:"伙计,我阿 P 还想找你讨点呢。"

阿 P 想换个地方买点吃食,可那小乞丐伸着一只小手,"噔噔噔"地跟在后面,也不说话。阿 P 叹口气,心里嘀咕着:算我倒霉!他一咬牙,把那 5 元钱全买了包子,自己留了几个,剩下的都塞到了小乞丐的手里。

阿 P 看看天色不早,也实在累得挪不开步了,就在马路边的一块草地上躺了下来。正当迷迷糊糊要睡着时,他突然感到谁绊着了他的脚,只听"咕咚"一声,那人跌倒在地上。

阿 P 下意识地坐起身,只见一个胖胖的中年人,一边从地上爬起来,一边拍打着身上的灰尘。阿 P 刚想发火,又心思一转,赶紧皱紧了眉头。

"咳呦咳呦……"阿 P 抱起脚直哼哼,一副很难受的样子。

中年人连忙靠近他,用不太流利的普通话说道:"对不起,要紧吗?"

"我这脚有伤,被你这么一碰,得疼上好几天。"阿 P 也不敢说得太严重,怕万一碰上狠主,等会儿自己下不来台。

中年人说:"天这么凉,你睡在地上,一定是外地民工吧?"

阿 P 不吭声,偷眼看他怎么办。

"这样睡怎么行,再健壮的身体也会被拖垮的。你先把我的外衣拿去,盖在身上睡吧!"中年人边说边脱下外衣,"要是你明天还没找着活儿,就在这地方等我吧,或许我还能帮上你的忙。"

阿 P 一听这话,高兴得差点蹦起来,原本只想讹诈一下,哪知道找工作居然有了点希望,现在又有这外衣遮风,这下可以踏踏实实睡一觉了。阿 P 只顾着高兴,等他想起来要说点客气话的时候,中年人已经走远了。

　　第二天天刚亮，阿P突然被震耳的电话铃声吵醒，他四处看了看，发现声音就是从自己身上发出来的。他把外衣拨拉了一下，发现衣兜里有个手机在叫唤。阿P看看四周没人，就按下了通话键，对方也不招呼，上来就说："老耿，叫你六点钟来拿老乡捎给你的袋子，现在都快七点了，你怎么还不到？一袋土特产是看不上眼咋的？"阿P一听，想到这电话应该是那个中年人的，正要解释，对方却丢下一句："快到火车站一号候车厅书报摊前来拿吧，回去的火车快开了，我再等你20分钟！"说完，就挂上了电话。

　　阿P寻思着，昨晚给他外衣的那个人肯定就是老耿了，看样子他是把取袋子的事儿给忘了。想想人家对自己不错，还有可能帮自己找工作，反正闲着也是闲着，阿P决定跑跑腿代代劳，把那一袋土特产给拿回来。说不定那老耿来了一高兴，真会帮自己找份不错的工作呢。

　　阿P想到好工作，浑身添了力气，"噔噔噔"就往火车站跑。

　　来到一号候车厅书报摊前，阿P果然瞧见一位"络腮胡"正四处张望着。阿P靠近他说，自己是老耿的朋友，是来帮老耿拿土特产的。那人看看阿P穿的那件外衣，想了想，说："哦，这是老耿的'灰鼠皮'，我相信！再说这包里是家乡的一些特产，值不了几个钱，不过分量有点沉，你得小心点，别弄破了袋子。我赶车去了！"络腮胡子说着，把袋子往阿P手里一塞，转身朝站台口挤去。

　　阿P心想：这乡下人就是怪怪的，大老远送什么土特产，也不看看人家老耿稀罕不稀罕，分量还这么沉，八成是受潮了。

　　阿P背着袋子边走边想工作的事，哪知道一不小心，脚下绊了一跤，连人带袋子整个倒在了地上。阿P倒没摔得怎样，尼龙袋却被栏杆上的一只铁钩划开了一条长缝。阿P不瞧则已，这一瞧就惊出了一身冷汗。由于铁钩比较尖利，不仅把袋子划破了,连里面的包装也搞坏掉了,可露出来的根本不是什么土特产,而是齐齐扎扎的人民币。

这是怎么回事?莫不是那络腮胡把袋子搞错了?阿 P 心里来回一转悠,想想要是把这么多钱放在口袋里,说什么也不会搞错的。阿 P 抓耳挠腮,思前想后,还是觉着这东西挺烫手,决定晚上交给老耿,免得惹来祸端。

阿 P 往四周看看,决定先把口袋破的地方遮遮,要让人知道背了这么多钱,不是找死吗?碰巧不远处有一沓行人丢下的报纸,阿 P 拾起来,想要塞进去先遮一遮,可报纸上的一行醒目标题粘住了他的目光:“昨天银行遭劫,匪徒掠款而去。”

阿 P 大惊失色,莫非那老耿和络腮胡是一伙的?阿 P 不敢想了,手忙脚乱地把袋子捆扎好,匆匆拐进附近的一个公厕,想进去整理一下。

阿 P 刚从厕所出来,就被一个穿着黑夹克的中年人迎面拦住了。那人戴着墨镜,低声说道:“老弟,我眼力不差,你昨天买了包子给那个小乞丐,今天又主动帮我把土特产拿来,真是位心眼儿挺好的实诚人。”阿 P 抬头一看,认出此人正是昨晚的那个中年男人。

“你叫老耿吗?”阿 P 问道。

“对,我就是老耿,谢谢你!”

老耿伸手从阿 P 手里拿过袋子,说:“工作的事情我慢慢帮你找,给你一百元,你先用着。”说着,他从上衣口袋里拿出一张百元大票,就往阿 P 裤子口袋里塞。阿 P 正要推辞,哪知老耿突然脸色大变,“刷”地一下把手从阿 P 裤兜里抽出来,拎着袋子兔子一般撒腿就跑。阿 P 不知咋回事,朝四周看了看,又把手伸进裤兜,却摸到了那把准备送给儿子作周岁礼物的玩具手枪。阿 P 一个激灵:这老耿一定是把自己当成便衣警察了,看来不是个好货色。他拼尽全身气力猛冲过去,想追上老耿。老耿背着口袋,的确跑不快,眼看阿P就要追上的时候,突然从旁边冒出几个警察,把老耿逮了个正着。

原来,阿P也多长了个心眼,刚才发现袋子里是钱,又看到了抢银行的新闻,他就在厕所里用老耿的手机给110打了个电话,说了事情的来龙去脉,让警察来看看是不是银行丢的钱。

阿P作为证人被带到了警署。一审才知道,这老耿真名叫贾安,正是阿P做工的那个煤矿的幕后老板。矿上出事以后,他立刻逃了出来,想偷渡出境,又不敢从银行拿钱,即使是现金,也不敢当面交接,于是就想物色一个接头的人。那天他看到和他一起下火车的阿P人挺傻,心肠又好,就故意把手机留在阿P身边,让阿P替他去接头取钱。当贾安得知让他栽了跟头的阿P,竟然是他矿上的工人,那天也险些命丧井底的时候,摇着头直叹老天有眼。

阿P没抓到银行抢劫犯,却碰上了在逃的贾安,也算是歪打正着,顺理成章地拿到了公安局悬赏缉拿罪犯的2万元奖金。不过阿P这回算是想通了,自己好歹小命还在,最亏的还是那些遇难的矿工。他留了两千元给儿子,其余的都捐给了遇难工友的家属。

带着那把在小摊上买的玩具手枪和两千元钱,阿P安心地回了家。

(天　木)

(**题图**:李　加)

阿P抓赌徒

阿 P 最近迷上了赌博,起先不过是瞧瞧稀罕,后来看人家大把地赢钱,忍不住眼红就出了手。可人家都是成百上千的大赌,阿 P 下岗工人一个,没多少资本,只好在旁边"飞苍蝇",其实就是看哪一家的手气好就押上十元、二十元的,人家赢了他跟着赢,人家输了他也玩完。

有玩赌的就有抓赌的,为维护社会治安,派出所就常来抓赌,每次都能抓住阿 P。阿 P 不怕警察,他几十元的"飞苍蝇"只能算玩玩,可这却害苦了片警小陶,因为阿 P 是他片里的,每回抓到阿 P,小陶都要被所里批评扣分。小陶心里那个气啊。可气归气,最后还得打起精神,给阿 P 讲赌无赢家的道理。

你别说,阿 P 还真被说动了,拿着手里的三十元钱,他决心赌最后一次，赌完就金盆洗手。没想到此次出征，阿P的手气特旺，钱押在哪家就赢哪家，转眼间三十元变成了三百元，三百元又成了一千元，到后来干脆挺胸凸肚坐上了庄，一局下来赢了两千，再赌一局又赢了两千。

几个赌棍见他财运滚滚，势如破竹，便找借口要收场，正在兴头上的阿P当然不干，几句话不合就吵了起来。老赌棍刘二旦"啪"地把一大叠钱摔在桌上："你别得胜的猫儿欢似虎，老子就让你看看啥叫赌，咱俩一人下五千，一翻一瞪眼！"这种赌法最厉害，也最简单，两个人各摸一张牌，翻开看谁的点大谁就赢。阿P手气正旺，立刻把手上的五千元都摔在桌上，两个人各摸起一张牌，当众一翻，阿P当即就笑歪了嘴，一把揽过了刘二旦的五千元。

阿P这边钱还没收拾利索，就听外面放风的人一声口哨，屋内立即乱作一团，几个赌棍跳起来就逃。阿P一瘪肚子把钱塞进裤裆里，跳起来就向窗台窜去，逃在前边的刘二旦刚爬上窗台，见阿P从后面挤上来，就用屁股一撅把他拱了下去，阿P"呱唧"摔了个仰面朝天。

爬起来再跑已经来不及了，房门被"砰"地撞开，阿P急中生智，索性一屁股坐在凳子上，抄起手来看热闹。几个警察冲进来分头追击赌徒，片警小陶一眼看见阿P，气得一把把他揪起来："又是你，把赌资给我交出来！"阿P把两只空衣兜一翻："你知道的，我就几十元零钱，够不上标准的。"小陶恨得牙根痒痒，大喝一声："滚！明天到派出所接受处理！"阿P侥幸逃过一劫，心里好不得意，还是我阿P聪明啊。

这天，阿P正躺在床上盘算着这些钱该怎么花，就听外面有人敲窗户，开窗一看，竟是刘二旦。刘二旦冲他一点头，回身就走，阿P的心又痒起来：现在自己的手气正旺，为啥不再狠狠赢他一笔？主意拿定，就急忙揣上钱跟了出去。

刘二旦引着阿P来到了竹山,两人顺着竹林中小路往山上爬,磕磕绊绊地爬到了山顶,竹林中豁然出现一块空地,只见空地上铺了块塑料布,几个赌棍围着应急灯赌得正欢。阿P心里好笑:这几个家伙被警察抓得长了记性,竟找了这么个鬼地方开赌。

既然来了,还不好好赌它一把?阿P马上下了一千元。大家一亮牌,阿P输了;再下一千元,又输了。阿P一气之下,又甩出两千元,一亮牌,照输不误。阿P觉得这事情有点儿不对劲儿,一面又押上两千元,一面警惕其他人的动作。就在大家要亮牌的时候,阿P一眼看见刘二旦的手向屁股底下摸,他立刻扑上去,推开刘二旦一看,原来这家伙屁股底下藏了好几张大牌,阿P气得扯开嗓子大骂,几个赌棍慌忙打圆场,装模作样地把刘二旦骂了一顿,要他老老实实交钱认输。

此后,几个赌棍再不敢出"老千"了,阿P又开始吉星高照。眼见赢的钱越堆越高,粗一数足有四万多元,阿P正想乘胜前进,就听有人大叫一声:"警察来了!"赌棍们"轰"地炸了锅,抓起钞票就往竹林里钻,往山下跑。阿P来不及把钱往裤裆里塞,只好紧紧抱住钞票跟着往山下跑。下山的小路又窄又陡,天又黑得伸手不见五指,阿P就只能抱着钞票跟跟跄跄地跑。正跑着,就觉小腿被人猛踢一下,阿P"啪嚓"摔了个倒栽葱,"骨碌碌"滚下山去……

天旋地转不知滚了多久,阿P终于撞在一棵大树上停下来,睁开眼只见金星乱飞,待眼前的星星散去,才发现四周一片寂静,刚才的一切都像是一场噩梦。他突然想起怀里的钞票,慌忙爬起来四下乱摸,摸了一通没摸到,阿P也顾不得是否会暴露目标,立马扭亮电筒,鼻尖贴着地面顺着滚过的痕迹向上寻找,找到山顶没找到,又从山顶再寻到山下,满眼看到的都是笋皮竹叶,哪里有钞票,难道四万多元就这样凭空蒸发了?

　　阿 P 心疼得几乎要昏过去,他捶了一阵脑袋,难过之后又安慰自己,反正钱已经丢了,把脑袋捶碎也没用,这叫来得容易去得快,只当今天又输掉了……心里刚有些轻松,又觉得不对头:为啥自己一赢钱就来警察? 刚才是谁踢了自己一脚? 现在警察又在哪儿? 这么一琢磨,阿 P 反应过来:自己被刘二旦他们算计了!

　　想到这里,阿 P 立刻跑到了刘二旦家,扒着他家院墙往里看,只见屋里亮着灯,还有几个人影在晃动,阿 P 翻过墙悄悄贴近窗子,只听屋里几个人正在商量分钱。

　　阿 P 气得发昏,攒足劲儿刚要冲进去,一想不行,自己寡不敌众,钱要不回反会挨揍。正在犹豫,就听刘二旦说:"反正这四万多元也是抢来的,依我说咱们就拿它痛快赌几局,谁赢了谁拿走,怎么样?"几个声音一齐叫好,接着麻将牌就"哗啦啦"地响了起来。

　　出气的机会来了! 阿 P 小心翼翼地翻出院子,撒腿就往派出所跑。派出所里正是小陶值班,阿 P 进门就叫:"快! 快去抓赌!"小陶用怀疑的眼神盯着他,闹不明白今天太阳怎么从西边出来了。阿 P 急了,不管三七二十一,"叽里呱啦"说出了自己被刘二旦抢赌资的经过,小陶这才恍然大悟,急忙召集警察们立即出动。

　　抓赌很顺利,阿 P 躲在暗处看到刘二旦他们被押出来,早忘了丢钱的沮丧,心里那个解恨呀! 他冲小陶跷了跷大拇指,高高兴兴地就要转身回家,小陶跑来一把拉住他:"别走呀,跟我回所里去做个笔录。"

　　到派出所做好笔录,阿 P 签字按了手印,就见警察抱进来一大堆钱,招呼小陶登记缴获的赌资。阿 P 一看眼睛亮了:"这钱是我的,还给我吧。还有,我听说举报有奖,你们准备奖励我多少?"小陶笑起来:"当然有奖,我们可以对你从轻处理。"阿 P 吓了一跳："你说啥？有奖还要处理?"小陶板起脸说："你屡次参与赌博,赌资高达四万多元,这赌资能还你吗？真是个法盲。你若不是这次举报,就凭这赌资,足够判劳教了!"

阿 P 一听直喊冤,小陶拍了拍笔录,又从抽屉里取出一副手铐："现在想赖账可是晚了,就是那几个赌棍,也不会放过你。我早跟你说过'久赌无赢家',怎么样？你说,是要奖金呀还是进劳教所?"

阿 P 吓得两手乱摇："都不要,我要将功赎罪!"喊了几声没人理,再看几个警察正忙手头的工作,阿 P 这才放下了心。他抹着一头大汗,嘴里咕哝着："好险啊,要不是举报,我也要进班房了。"

走出派出所大门,阿 P 又神气起来："嘿嘿,不管怎么说,我阿 P 就是有功之臣呀!"

（志　欣）

（题图：李　加）

谋生——洁身自爱

生活不断地变化,它有时阴暗,有时又重放光明。要是遇上有利时机,须好好利用,但不可损害他人的利益。

阿 P 摆噱头

　　这些年,阿 P 在外面做小生意,发了一点小财,他决定回家一趟。阿 P 坐上大巴,晃晃悠悠地走了一天一夜,眼看就要到达镇上了,这时,他袋里的手机响了起来,拿出来一听,原来是本村的二愣子打过来的,他问阿 P 哪天能回来,说后天他就要结婚了,想请阿 P 喝他的喜酒。

　　二愣子是阿 P 从小玩到大的赤屁股兄弟,如今兄弟要结婚了,阿 P 当然要有所表示,他大声说道:"好兄弟,谢谢你一直记得我！真是太巧了,我现在已经到了镇上,马上就要下车了！兄弟,你要结婚了,我当然要送你一样礼物,猜猜,我会送什么礼物给你?"电话又通了一会,估计二愣子没猜出来,阿 P 声音突然低下去了:"你别关机,我准备先送你五千万……"刚说到这里,阿

P的手机突然没电，自动关机了，阿P只好把手机揣了起来。

大巴到了镇上，阿P提着鼓鼓囊囊的旅行包下了客车，他抬头看了看天空，太阳已经落到了山后面，马上天就要黑了。小镇离自己的家里还有十多里路，阿P心里有点着急，怕回家晚了，正想雇辆三轮车，忽然肩膀被人轻轻拍了一下。阿P回头一看，身后站着一个矮胖子，正满脸堆笑地说："是阿P吧？我从县城上车就觉得你面熟，可是一直没敢相认。现在，你可能也认不出我来了吧？我是你的初中同学王胡啊！"

阿P上上下下打量着矮胖子，怎么也想不起自己有这么一个同学。但阿P要面子，故作恍然大悟的样子说："啊，老同学，想死我了！"王胡一听，激动得差点掉下眼泪来："是啊，好多年不见，今天机会难得，我做东，咱哥俩好好地聚一下，怎么样？"阿P急着回家，哪有心思应酬，脸上就露出为难的样子。王胡见状，赶紧巴结地说："老同学，我们知道你是发了大财，成了大老板，但是你也不能看不起乡下的弟兄们哪。"这几句话阿P听得进，人立马挺胸凸肚，口气也大起来了："咳，尽管我忙得晚上睡觉的时间都没有，但看在老同学的面子上，恭敬不如从命吧！"

王胡把阿P带到本镇最豪华的"九九红"娱乐城，要了一个带空调的豪华单间。不一会儿，红烧鱼唇、清蒸甲鱼、罗汉大虾等十几个名贵菜肴都摆上了饭桌，酒开的也是贵州茅台。阿P在外虽说人家也叫他老板，但这老板是贩卖牙签的，从未享受过如此高的待遇，他不禁有点手足无措："这……这是不是有点太奢侈了？"王胡哈哈一笑："小意思，小意思！你大概还不知道吧，我现在已经混成了咱这个小镇的副镇长，专管招商引资的……"

怪不得人家大方，原来有"资本"啊！阿P正感慨着，一位长得非常妖媚的美女推门走了进来，直接坐在了阿P旁边。王胡呵呵一笑，指着美女介绍说："这位是九九红餐饮娱乐城的老板，我的表妹小红！"小红是那种看起来非常讨人喜欢的女孩，阿P

一下就被她吸引住了,同时又被王胡和小红殷勤的劝酒所感动,席间禁不住多喝了几杯。

酒足饭饱后,王胡对小红说:"天也不早了,为了安全起见,阿P老板今晚就不要回家了,我在三楼开了房,小红,你陪阿P老板过去休息吧,我还要回办公室办点事。"

正好阿P也觉着喝得高了点,头脑有点发胀,于是就随着小红来到三楼。进了房间后,小红马上把房门反锁了,两眼不停地冲阿P"放电"。阿P晕晕乎乎地没反应过来,直到小红扑上来动真格的,阿P才被吓醒了:妈呀,这就是传说中的艳遇吧? 自己和小红第一次见面,虽说对她有好感,但总不至于发展这么快吧? 再一想老同学,那问题更大了,其中莫不是有什么阴谋? 想到这里,阿P赶紧提起旅行包,打开房门,一头冲了出去。

"啪嗒"阿P摔了个大跟斗。原来,王胡并没回他的办公室,正蹲在门外抽烟呢,阿P没看清,被绊得一下子飞出去老远,过了老半天,他眼前还直冒金星。

王胡一把拉起阿P,又把他送进房内,"啪"把房门反锁了。阿P喘了半天气,才结结巴巴地问道:"王……王胡,你……你的什么的干活? 想干什么?"

王胡见阿P真的酒喝高了,也摔晕了,外国话都说出来了,忙赔着笑脸说:"索性打开天窗说亮话吧,我和你八竿子打不着老同学,我今天晚上牺牲我妹妹的目的,就是想让你在我们这里投资搞个项目! 今年我还有五十万的招商引资任务没有完成,如果完不成这项任务,奖金拿不到手不说,我这个副镇长的位子恐怕也保不住了……"

阿P一听当官的有求自己,心里有些得意,但又一想,自己是做小生意的,能有多少本钱? 忙说:"我愿投资,只是五十万多了,我、我小本生意……"王胡紧紧地盯着阿P手中的旅行包,说:"阿P老板说笑话了! 你在车上打手机说的话,我都听到了!

呵呵,你兄弟结婚,你一出手就是五千万相送,大老板呀,区区五十万,对你来说还不是九牛一毛啊!"阿P到这时才明白过来,"扑哧"一声笑了:"王胡啊王胡,你小子真是想钱想昏了,你也不问问这五千万是什么?"

王胡听阿P这么一说,隐约觉得事情有些不大对头:"你这五千万……"

"既然王镇长如此坦诚,我决定也送给你五千万!这五千万是……"阿P顿了顿说,"千万要快乐!千万要健康!千万要平安!千万要知足!千万不要干坏事!就是这五千万。"

原来,阿P在客车上所说的那"五千万",是他想幽二愣子一把,准备发给二愣子的手机短信!王胡终于明白了过来,他哭笑不得,叹了一口气,沮丧地一屁股坐在了沙发上。小红见状,也气哼哼地从床上跳了起来,不屑地撇着嘴说:"就是呢,我怎么看也觉着他不像大富翁!"

这时,门外忽然传来了一阵嘈杂的脚步声,随即响起了猛烈的敲门声。不会是派出所来抓嫖娼的吧?阿P心里"咯噔"一下,他稳定了下情绪,随后打开了房门,却见二愣子领着一帮人冲了进来。二愣子二话不说,冲大家使了一个眼色,大家眨眼间就拥了上去,把王胡摁在了地上,"劈里啪啦"一顿好揍。

二愣子瞅了瞅阿P手中的旅行包,讨好地说:"阿P哥,听说你这次回来带了五千万给我,我不放心你的安全,就带人赶了过来,果然发现有人在使坏!多亏我来得及时,要不你就中了他们的美人计了……"

这事后来也不知是如何收场的,但阿P以后就到处说自己比外国电影《百万英镑》里的主人公还牛,白吃白喝不说,还有人当保镖,一时竟忘了自己是贩卖牙签的。

(刘克升)

(题图:顾子易)

阿P有心事

　　阿P这几年做生意发了点小财，整天西装革履地挟着个皮包打手机，回家也没有以前准点了。小兰有点担心地问："阿P，男人有钱就变坏，你莫不是也变坏了吧？"

　　阿P听了一本正经地说："你老公我是那号人吗？我那是忙。再说，我这点钱也算钱吗？等我赚多了——"小兰眼一瞪，问："赚多了怎么样？"阿P赶紧满脸堆笑地说："赚多了也不能坏。"小兰也跟着笑，可心里还是隐隐有点担心。

　　这天吃晚饭前，阿P打电话说要回来吃饭，小兰可高兴了，以最快的速度烧了几个阿P平时最喜欢吃的菜，有红烧鱼、溜肚丝，排骨汤当然也是少不了的。一到吃饭的点，阿P真的准时回来了，小兰忙把烧好的菜从厨房往餐桌上端，可阿P对着小兰精心烧出的一桌子菜竟没有发表一星半点的评价,还一副愁眉苦脸的样子,似乎有什么心事。

小兰不乐意了,问:"怎么啦？好不容易按时回家吃个饭,还耷拉着脸!"

阿P长叹一声,一边用勺子舀排骨汤喝,一边无精打采地说:"还真有事了,最近生意不太顺,一批货出了问题⋯⋯"话没说完,放在桌角的手机突然响了起来。

阿P手忙脚乱地放下勺子抓手机,却碰翻了盛排骨汤的碗,随着"咣"的一声响,一碗汤全倒在了阿P的脚背上,烫得他直跺脚。

小兰吓坏了,连忙问道:"疼不疼?"阿P顾不上脚上的汤,拿起手机就走到阳台上去接听,过了一会儿,才又回到餐桌前,这时候,小兰早就收拾好了,还给阿P拿来了干净的鞋袜。

经过这样一段小插曲,阿P似乎也没有什么心思再享用美味佳肴,原本丰盛的晚餐就在糟糕透顶的气氛中结束了。小兰见阿P烦躁的样子,便试探着提议说:"阿P,要不咱俩出去走走,散散心吧!"

阿P本不想去,但看到小兰期待的眼神,还是点点头同意了。出门时,小兰没忘了牵上家里的小狗,那是条健壮的小公狗。

在林阴小道上,两人边散步边有一搭没一搭地说着闲话。小兰忽然看到阿P眼睛有点定格的样子,她抬头一看,明白了,对面走过来一个长着天使般面孔的女郎,那女郎手里也牵着一条小狗,那是一条小狐狸似的雪白的小狗。小兰看到这情景就生了气,心里愤愤地想:真是狗像主人,这话说得一点没错。

就在这时,意外发生了,两条小狗几乎同时挣脱了各自主人的手,然后颠儿颠儿地跑到一起又是嗅又是亲的,还没等两位女主人反应过来,两条狗竟当众亲热起来。

那女郎一见这情景，立时气得杏眼圆睁，上前一脚踢开小兰家的小公狗，把正在兴头上的小公狗踢得"汪汪"大叫。女郎还不解气，骂道："哪来的野狗？难道有人养没人管吗？"

自个儿的宠物被人踢，而且还挨了这么难听的骂，小兰气得一蹦三尺高，再想想阿P看到女郎时那发呆样，当即反唇相讥："自家的狗学狐狸精，就别怪骚狗子上门。"

那女郎也不是吃素的，一听这话，明白小兰是在指桑骂槐，立刻回敬过来。小兰见对方一副伶牙俐齿的样子，知道自己不是人家对手，于是就大喝道："阿P，人家欺负你老婆啦，你还不快上？"

阿P正愁着生意上的事，见俩女人开战心里更烦，现在听到小兰喊他，又不好不上前，可再想想，自己身高马大一个大男人，去跟人家女的开骂打架，多不合适！于是就犹豫着没动。

小兰见阿P不为她撑腰，真是气不打一处来，正要发火，惊人的一幕出现了：那女郎的小白狗忽然撒着欢儿跑到阿P脚边，亲热无比地咬着阿P的裤管，嘴里还发出只有见到久违的主人时才有的那种撒娇声。

小兰简直要疯了：难怪阿P不肯帮自己，原来他们俩早就认识啊！要不然的话，那女郎的小白狗为何见了阿P会这么亲热？再联想到吃晚饭时阿P那副魂不守舍的模样，还跑到阳台上去接手机，他哪是烦生意，分明是在外面有了事情。

想到这里，小兰伤心地冲着阿P吼起来："阿P，你背着我干了什么？快说……"

阿P心里窝火啊，今天这是怎么了，一连串的不顺，连个小狗都跟自己过不去。他心里的火"腾"地就上来了，一把推开哭闹的小兰，冲到女郎面前，掏出一叠钱，说："小姐，把小狗卖给我行不行？"

那女郎看看阿P手里的一大叠钱，愣住了：不卖不是傻吗？

这么多钱可以买两三条这样的小狗了,于是赶紧点头接钱。

小兰不知道阿P要干什么,愣在那里。阿P却一点不犹豫,付钱之后,一把拎起还在不停地咬他裤管的小白狗,骂道:"我让你咬!哼,看我不打死你!"说着,捡起地上的一块石头就要朝小白狗砸去。

可真要下手时,看到小狗那纯洁无邪的眼睛,阿P却又不忍心了,突然觉得自己很可笑:自己肚里有火,却朝不会开口的畜生身上发,算什么本事嘛!

可就在这时候,小兰却冲上来,死死按着阿P的手骂道:"你这是想杀狗灭口啊?"

阿P一听,差点昏过去:天哪,这算什么话?怎么自己做什么事都变成别有用心的了?

这场小狗引起的风波,过了好几天才算平息下来,经过内查外调,小兰终于查明阿P和那女郎并无关系,阿P那天确实是为生意所烦。至于那小白狗为啥会对阿P亲热,原因很简单呗,因为阿P的裤管洒上了排骨汤。

(童树梅)

(题图:李　加)

阿 P 翻

了

船

　　阿 P 下海五六年,不小心翻了船,不仅本钱泡汤,还欠下六十万的债。六十万不是小钱啊,就算把身上百多斤肉剁了卖,也不值这个数。阿 P 陷入绝境,痛苦地想了几天,决定一死了之,可是想到和妻子离婚后寄养在乡下老家的儿子,不由有些担心:自己死了倒没什么,可是儿子怎么办? 阿 P 绞尽脑汁想了一天,终于想出了一点眉目,那就是找个既能死又能为儿子赚点钱的死法。死倒是容易,可是死后还能赚钱,这就难了,阿 P 挖空心思又想了一天,才设计出一个比较理想的死法。

　　第二天,阿 P 身上带了一把匕首,走进工商银行城东营业所大厅,看到三四个客户在柜台前办理业务,两个保安在大厅里走来走去,一切情况正常。阿 P 向门外张望了几眼,在接待客户的椅子上坐了下来,他耐心地等待着成功的机会,可是一个上午过去了,一直没有机会,这时,大厅里没人了,阿P突然站起身,跑到门边向马路上望了望,刚一回头,猛地吃了一惊,面前堵着银行的两个保安。

一个保安威严地问:"你在这里鬼鬼祟祟干什么?"

"我,我……"阿P吞吞吐吐,转身要走。两个保安把他揪了回来,带到保卫室盘问,阿P不得不说了实话:"我到这儿来,是等抢劫银行的人。"阿P接着说:"抢的人一来,我就见义勇为,上去跟他拼了,闹个光荣牺牲,给我儿子留笔抚恤金。"保安觉得阿P头脑有些不正常,哈哈大笑,说:"走走走,回家去吃点神经病药,别让我们再看到你!"说着,他们就把阿P赶了出来。

阿P回到家里,接二连三地叹气:"见义勇为"咋就这么难呢?报纸上不是报道过几次抢劫银行的案件吗?他不由骂起那些抢劫银行的人,这几天都死到哪里去了?突然,阿P脑子里迸出了灵感的火花,心想:"见义勇为"不成,我就当杀手,反正能死又能赚钱就成!于是他找了纸笔,写了两行字:

> 你想找个有敬业精神的杀手吗?
> 请致电P先生,号码2823344。

阿P走到街上,把纸条贴在电线杆上。回到家没多久,电话就响了,阿P估计是"业务"来了,激动地拿起电话,那边有人在问:"你是P先生吗?请问杀一个人,你收多少钱?"

"这要看杀什么人了,杀你仇家二十万,杀你老婆三十万,现金付款。"

"钱没问题。"电话那头的人说,"我怎么找你面谈?"

"我在红旗路小红小吃店等你,你马上过来。"

阿P放下电话,一口气跑到了红旗路小红小吃店门前,心想,杀手这行当还很红火啊,我赚个二三十万,给儿子一个生活保障,我在地狱里也会笑了。几分钟之后,一个身材高大的汉子从马路上横穿过来,走到阿 P 面前,问:"你就是 P 先生吗?"

"我就是。"阿 P 点点头说,很有礼貌地把手伸给对方,谁知"咔嚓"一声,对方神速地掏出一副手铐,阿 P 的手还来不及缩回去,就被铐了起来。"我是公安便衣,你老实点。"汉子绷着脸说,随即把阿 P 带到了公安局。

阿 P 有过一回经验了,心里明白怎么对付,他反复说自己无聊,只想开个玩笑。那个抓他的警察一边听着一边冷笑,原来,前几天这里发生了一起雇佣杀手杀人案,案情尚未明了,阿 P 正好撞到枪口上,无论他怎么辩白,警察都不相信,直到第三天下午,那个真正的杀手落网,阿 P 才被放了出来,警察为他打开手铐时还狠狠地批了他一顿:"你什么玩笑不能开,开这种玩笑?下次遇上就不放你了!"阿 P 知道是自己惹的祸,不敢吭声。

因为被关了两夜,阿 P 精神很不好,走起路来头重脚轻,恍恍惚惚的。他本来好端端地走在人行道上,不知怎的,走着走着,就走到了车行道上。这时,一部大巴飞速而来,司机突然发现有情况,连忙紧急刹车,但由于惯性,车子还是往前跑,把阿 P 撞飞了。司机暗暗叫苦,谁知阿 P 从地上一跃而起,摸了摸额头,一点血迹也没有,原来他是被大巴带起的风刮倒的。

大巴司机松了口气,大叫起来:"王导,王导,你要的人找到了!"这时,从大巴上下来了一个中年人,刚才他在车上看到大巴好像撞倒了阿 P,想不到这人竟然毛发无损,他惊讶地打量着阿 P,问:"先生,你想拍电视吗?"

阿 P 一时没明白过来:"拍电视?"

"我是最新连续剧《飙车狂龙》的导演,我们原来那个替身演员临时变卦不干了,你如果想干,我们可以马上签合同。""给、给多少钱?""钱嘛,小事一桩,片酬三万,外加一份人身意外保险。"

阿P想钱想疯了,不假思索,就对王导说:"我干!"

于是,阿P上了大巴,跟摄制组到了外景地。王导向阿P讲了戏,其实阿P的戏很简单,就是扮演一个杀手,被警察追赶,一路狂奔,突然迎头撞上一部急速行驶的大巴……"那不是找死吗?"阿P一听不由尖叫起来,王导宽慰他说:"我们会采取一些保护措施的,你别担心,相信你一定能行!"听王导这么一说,阿P猛然想到:我自己不是正要找死吗? 想到既能死又能赚钱留给儿子,他一下子就不怕了。

阿P的戏后天开拍,他回家想了一夜,第二天下午来到摄制组的外景地,发现摄制组没拍戏,好像是在休息,他好不容易找到王导,说:"王导,你能不能给我增加一个跳楼的戏? 酬金再给两万就行。"王导握住阿P的手,感动地说:"有敬业精神啊,好同志! 可惜……"王导说着脸就沉了下来,"下次拍戏,我一定找你!"

阿P不明白地问:"怎么啦?"

"我们这部片子……投资人撕毁合同,撤回了资金,只好停拍了。"

"这,这……"阿P突然感到一种说不出的悲伤和失望,"这么说我死不成了?"阿P不由哽咽起来,好一阵子他才有了个想头:既然找死这样难,那就好好找个活路吧……

(何葆国)

(题图:李　加)

阿 P 当大侠

　　最近,阿 P 买了辆三轮车,做起了回收废品的生意。

　　这天傍晚,阿 P 乐悠悠地吹着口哨,蹬着满满一车废品回家。路过小王庄时,突然看见一个衣衫褴褛的老人靠在路边的一棵树上,仰天长叹:"天理难容,天理难容啊!"阿 P 的心一颤,赶忙停了车,走到老人身边,关心地问:"老人家,你为什么这样伤心?"老人先是不开口,在阿 P 的再三催问下,才悲愤地诉说起来。

　　原来,老人家姓刘,孤身一人,住在刘家湾。去年刘老汉被小王庄的王老三雇去守小煤窑。谁知辛辛苦苦干了一年,王老三硬没付给老人一分钱。刚才,老人上门去要钱,被王老三一顿恶骂赶了出来。王老三还威胁说:"再来要钱,打断你的腿!"

听刘老汉说完，阿P立时成了怒目金刚，嘴里愤愤地骂："这真是和尚打伞——无法（发）无天啊！大爷，你别难过，这件事我替你摆平！"

刘老汉瞧瞧阿P的身坯，痛苦地摇着头，说："这位兄弟，你别引火烧身呀。王老三有钱有势，惹不起啊。"

一时间，阿P被惹火了，一股豪气冲上脑门，他拍拍胸脯，对刘老汉说："大爷，我是路见不平的大侠，你等着，我现在就去找王老三！"

阿P把三轮车交给刘老汉照看，雄赳赳地朝小王庄走去。

不一会，阿P来到小王庄，大脑被冷风一吹，有些冷静下来，心里打起了退堂鼓。他早就听说过，王老三是个人见人恨的地痞无赖，谁也不敢惹他。但刚才自己在老人面前夸下了海口，如果临阵脱逃，岂不让天下人笑话？阿P一咬牙："嘿，大丈夫一言既出，驷马难追。奶奶个熊，老子豁出去了！"

此刻，王老三家里是烟雾缭绕，几个人正围着一张桌子，在"哗啦哗啦"地搓麻将。王老三打出一张牌，猛地看到门口站着一个陌生人，不由狐疑地问："你是……"

阿P见王老三敞着怀，一身横肉，再看其他几个搓麻将的人也个个身高马大，心里便"咚咚"直跳，站在门口，进也不是，退也不是。

王老三见阿P这副模样，不由得火了，开口骂道："你小子犯病啊，滚出去！"

阿P再也没有退路了，他硬着头皮说："我、我是来替刘老汉要钱的。"

王老三愣了半天，才回过神来，上一眼、下一眼打量着阿P，许久才拖腔拖调地问："你是刘老汉的什么人啊……"

阿P舌头打结地说："我什么都不是。"

"这么说，你是路见不平、拔刀相助啰？"

阿P又神气起来,声音也大了些:"嘿嘿,我是个热心肠,帮刘老汉讨几个辛苦钱,你把钱拿出来吧。"

王老三恼了,一歪头恶狠狠地说,"老疤,你给这位先生上一课!"

王老三话音刚落,从麻将桌边站起一位"刀疤脸",他三步并作两步走到阿P面前,左右开弓,"啪啪"就给了阿P两个耳光。

阿P被打得东倒西歪,两眼金星飞舞。他自知不是王老三的对手,只得捂着脸,跌跌撞撞地跑出王老三的家。

听着身后刺耳的狂笑声,阿P真是又羞又气,他抚摸着发烧的脸,"唉哟唉哟"地出了小王庄。守在三轮车边的刘老汉见此情景,知道阿P挨了打,就叹着气说:"好心的兄弟,我说过你斗不过王老三那天杀的。你瞧,吃了大亏了吧。兄弟,你先忍了这口气,王老三迟早会遭报应的!"刘老汉安慰了阿P几句,无可奈何地走了。

看着刘老汉离去的背影,阿P不禁感慨万千:共产党的天下,竟然有这样不平的事?我阿P今天不制服王老三这个王八蛋,怎能称作大侠?一股英雄豪气从阿P心底涌了出来,他一屁股坐在废品上,震得三轮车上的啤酒瓶"哗啦啦"作响。突然,阿P的眼睛一亮,有了主意。

阿P从车上取出几个啤酒瓶,又抽出几个水泥袋,"窸窸窣窣"地捣鼓开了。十多分钟后,阿P抖擞精神,重返王老三家。

此时,王老三一伙撤了麻将,正在屋里喝酒,看见阿P又找上门来,一个个都觉得奇怪。

"你又来干啥?"王老三指着阿P的鼻子问。

阿P毫无惧色地答道:"为刘老汉讨个公道!"

"看样子你是不见棺材不掉泪,弟兄们,再给他上堂课!"王老三一挥手,屋内几个大汉如狼似虎地朝阿P扑来。

"来吧,龟儿子!"只听阿P一声大吼,猛地掀开了上衣。那伙人定神一瞧,只见阿 P 的裤腰带上插着几个啤酒瓶,每个啤酒瓶的瓶嘴上,都竖着一根粗大的引线。

他们一时弄不懂阿 P 身上那几个啤酒瓶派什么用场,因此都收住了脚步。

趁着这个机会,阿 P 拍拍裤腰,一副大义凛然的样子:"这几个啤酒瓶里装的都是烈性炸药,今天,讨不回刘老汉的血汗钱,我和你们一起上西天!"说完,阿 P"啪"地一声揿亮了手中的打火机,要往啤酒瓶嘴上的引线上点。

王老三见阿 P 是来玩命的,不禁倒抽了一口冷气,紧张地摇着手说:"兄弟,别点,点不得呀。"

阿 P 昂首挺胸,轻蔑地对王老三一伙说:"你们是一个一个地上,还是一齐上?"

"我们……一个都不上,刚才是误会了。"王老三强挤着笑脸说。

一说到刚才的事,阿 P 气就不打一处来,他铁青着脸问:"刚才是谁打我的?"

阿 P 话刚说完,王老三就转过身去,对着"刀疤脸""噼哩叭啦"一阵耳光:"真他妈的瞎了眼,我的朋友你也敢打。"

刀疤脸被打得哇哇乱叫,还不敢表现出不满的情绪。王老三打累了,朝阿 P 拱拱手,说:"我王老三先给你赔礼。刘老汉的事好商量,你先把打火机的火给熄了。"

阿 P 见这些人一个个丑态百出,心里就别提有多痛快了。他见火候已到,就一本正经地说:"刘老汉的事可要摆个四平八稳,少一个子儿,哼,可别怪我不客气。"

"好说,好说。"王老三见事情有了转机,忙朝里屋喊道:"老婆,把刘家湾刘老汉的账结了。十元钱一天,一年三百六十五天,满算。"

一会儿,王老三的老婆拿着一叠钱走出里屋,胆怯地看了一眼阿 P 裤腰上的啤酒瓶,把钱朝阿 P 手里一塞,赶紧跑开了。

"你们听着,今后再为非作歹,我决不放过你们。我阿 P 死都不怕,还怕你们不成?"

阿 P 熄了打火机,把钱往口袋里一塞,扬长而去。

阿 P 出了小王庄,得意地对着夜空吼起了京剧《红灯记》中李玉和的唱腔。他一路吼着走到了停放三轮车的地方,月光下,阿 P 忽地傻了眼:那辆收破烂的三轮车不见了!

阿 P 挨了两个耳光,又丢了三轮车,好不懊丧!但他又想:没有我阿 P 大侠,刘老汉的钱能要回来?王老三一伙那么横,见了我阿 P 还不是服服帖帖!想到这里,阿 P 又高兴起来了,于是,他吹着口哨,一步一晃地向前走去。

(贺红标)

(**题图**:蔡传生)

阿 P 献妙计

　　阿 P 干了一段时间的安全员,成绩还不错,也有了一点点名气。这不,有个叫宋姜的包工头找上门来了。这宋姜为人仗义,干的工程个个顶呱呱,然而,工地上的安全问题却一直让他头疼不已,所以他准备花高薪聘一位经验丰富的专职安全员。

　　阿 P 听了宋姜的一番诉苦,呵呵一笑说:"宋总,我对那帮人最了解,你空口白牙,给他们讲安全,说危害,很难收效的。"宋姜急了,问:"那怎么办? 总该想点办法吧。"阿 P 又一笑,说:"我看先从戴安全帽抓起。为了引起大伙的重视,我出个馊主意……"

　　宋姜见阿 P 卖起了关子,有些不高兴了:"说呀,我花钱请你来,就是要你解决问题的。"阿 P 这才大大咧咧地说道:"明天上班,我站在脚手架底下,你偷偷从上头丢下块砖,把我'砸蒙',给大伙亲眼看一出'血的教训',这样一来,他们就不敢不戴安全帽了。"宋姜拍手笑道:"偏方治大病,你这招儿管用,不过……为了显得真实,还是我被'砸蒙'吧! 咱可说好了,你可不能用真砖……"阿 P 连连答应:"这个我知道,真砖我也不敢砸呀!"

次日上午,宋姜在工地给工人布置任务,他故意忘了戴安全帽。阿 P 则提前隐藏在楼上,他瞅准机会偷偷用小棍将"砖块"从脚手架上捅下去……宋姜正讲得起劲呢,没想到一块"砖"从天而降,只听他"哎哟"一声惨叫,当即倒在地上。

众人见出了大事,忙围上来,可不管别人千呼万唤,宋姜只一味装死,把几个工人吓得脸都白了。宋姜心想:呵呵,这回你们知道后果严重了吧,阿 P 这家伙,行!

大伙见喊不醒宋姜,又赶紧找来小推车,七手八脚把他送往医院,还特意让一个叫石千的工人陪着。

宋姜在医院里一直装着"昏睡不醒",直到后半夜被哭声惊起,原来是老婆马莲闻讯赶来了,她扑在宋姜身上号啕大哭。

宋姜感觉身边没别人,就掐了老婆一把。老婆吓了一跳:"妈呀,你不是被砸成植物人了吗? 咋又醒了?"

宋姜"腾"地坐起来:"干吗,你希望我当植物人啊? 我是……"他这么长,这么短地便将"苦肉计"之事说了一遍。

他们正说着,忽然,石千从床底下冒了出来:"哈哈,宋大哥没事呀,吓我一跳!"原来石千被留下陪护,他熬不住困,就钻到床下睡觉,刚才被马莲一顿哭给吵醒了。

这时,又听有人一声感叹:"咳,好好一出'苦肉计',愣是让你们给演砸了!"

宋姜觉得声音挺熟,扭过头,看见旁边的病床上躺着一个满脸裹着纱布的人,再仔细一瞧,吓了一大跳,此人竟是阿 P,"阿……阿 P,你怎么在这里?"

阿 P 又是一声长叹:"甭提了! 我捅下'砖块'向下探头时,

被你手下人发现,他们以为我害你,便一窝蜂冲上楼,把我狠揍了一顿,哎哟哟,好疼啊!"

宋姜问明情况,很不好意思:"阿P兄弟,你为了兄弟们的安全,头一天上班就遭此不幸,我心中真是不安。"

阿P说:"宋大哥,你啥也别说了。咱俩头破血流为啥?还不是为了兄弟们的安全嘛,只要能起警示作用,值!"

两人正说着,石千不知什么时候带着全队几十号人一起来到医院,大伙儿说:"为了工地安全,宋大哥和阿P都吃了苦头,今后我们若再不注意,就太没良心了。"石千也说:"以后上工地,谁再不戴安全帽,谁就是孙子王八蛋!"

一旁的阿P尖叫起来:"看来我这个主意真解决问题哩!我这顿揍可不能白挨,我先把账记着,往后谁再违反安全规则,我就拿板儿砖往他头上拍!"

(吴　港)

(题图:顾子易)

阿 P 当门卫

　　阿 P 给一个小公司当门卫,坐在传达室里专门给外来人员登记,风刮不着雨淋不到,每月还能拿一千元的工资,阿 P 心里乐滋滋的。

　　可谁知刚干了两个半月,公司老总就被逮起来了。

　　这下公司里可就乱了套,一些平时不离老总左右的人忽然就没了影儿,底下的人看势头不对,也纷纷抬脚走人。

　　眼看着树倒猢狲散的样子,公司副总不禁仰天长叹。

　　副总把公司里走剩下的十几个人召集在一起开会,阿 P 也跟着去了。

　　副总瞧一眼阿 P,怀疑地问:"你叫什么名字? 是哪个部门的? 我怎么觉得你很面生呢?"

阿P回答说："我叫阿P，我在传达室工作，我……我才来了两个半月。"

"两个半月？"副总显得很惊讶，"难道你不知道公司遇到麻烦，人都走得差不多了，你为什么不走？"

为什么不走？"哼！"阿P心里说，"你们这半个月的工资还没给我呢！"可话到嘴边，却变成了："老总的案子还没结，我干吗要走？现在说不清的事情多着哩，不定老总明天出来了，公司里一点事都没有。"

这倒也是阿P的心里话，这份工作是好不容易才得到的，他当然不希望老总有事，不希望公司有事。

但阿P没料到，他这番话刚说完，副总就"呼"地从椅子上跳了起来，抓起他的一只胳膊举得老高，对在场的十几个人说："大家听到没有，这位阿P兄弟说得对，越是困难的时候，就越能看出谁是真正的好兄弟。我今天要告诉大家，咱们老总已经让人捎话来了，他马上就要从里面出来，今天留下来的弟兄，以后工资加倍发，老总决不会亏待大家。当然，"副总说到这里脸色一沉，"那些在公司困难时候打自己小算盘的人，公司决不会放过他们，等风头过了，非好好收拾他们不可！"

副总话音刚落，阿P心里却一个"格愣"：风头？什么风头？眼下警方正在全市集中扫黄打黑，是指这风头？要避政府风头的总不会是什么好事！

阿P不禁后悔起来：早知道是这样，还不如偷偷溜了的好，为了半个月工资被生生拉进贼窝，犯不着啊！

阿P想走，可又不敢抬腿，怕目标太大，不定公司以后会怎么收拾自己，于是只好硬着头皮在传达室里待着。

傍晚时候，副总又把他们召集起来，语气沉重地说："老总又从里面捎话出来，说这次可能遇到大麻烦了，公安局掌握的证据太多，不被判个死缓，也得判个无期。老总让咱们想想办法，把他从里面捞出来。"

"捞出来?"阿 P 不懂这"捞出来"是什么意思。

一个长得像瘦猴模样的人尖叫起来:"那不是逃跑吗? 那可是杀头掉脑袋的事情啊!"

阿 P 一听"逃跑"两个字就站不住了,这不是要去做犯法的事了吗? 他"扑通"一声就跌坐在了凳子上。

副总阴沉着脸,扫了一眼大家,说:"谁不愿去现在趁早说! 老总说了,等把他捞出来以后,每位兄弟发 20 万,愿意跟他走的,就一块儿到国外去,护照公司负责办,吃香的喝辣的,住洋房泡洋妞;不愿去的他也决不为难。不过从现在开始,不愿去的人不能走出这个办公室一步,免得出去泄露秘密,坏了我们的大事!"

全场谁也没敢吭气儿,阿 P 后悔透了,事已至此,只能听天由命。

副总接着给大家说了具体安排。

看来他和老总是早有准备的,他们的计划订得非常周密,给大家的分工,有去法院和公安局探听风声的,有准备棍棒武器到时候可以和警方拼杀一阵的,有联系交通工具准备接应的。

至于阿 P,副总听说他从前在乡下干过泥水匠,就安排他到一个建筑工程队去当工人,因为这个工程队现在正好承揽了关押老总的那个看守所围墙加高的工程。副总吩咐阿 P 说:"你到了工地上要仔细观察,把那里新加高的地形牢记在心里,晚上回来就把它画出来交给我。"

阿 P 看着副总恶狠狠的眼睛,只好战战兢兢地领命而去。

害怕归害怕,可阿 P 还是硬着头皮在工地上坚持了三天。

三天以后,副总又把大家召集起来开会,还特地通知阿 P 不准迟到。可会议刚开了个头,办公室的门就"砰"的一下被撞开了,几扇窗户的玻璃也几乎同时被爆开,几十名荷枪实弹的战士从天而降,副总一伙还没回过神来,就已经被押上了警车。

阿P很快就被放回来了。

妻子小兰抱着他直哭:"你要有个三长两短,我可怎么办啊?"

"行了,行了!"阿P神气地说,"我这不是回来了吗?告诉你吧,我这回可是立了功的啊!那些家伙让我去给他们当卧底,哼,这种犯法的事怎么能干,我阿P这点道理还不懂?我当然是借机会给公安当卧底!要不,怎么他们还没开始干,公安就知道了?"

（邢　东）

（**题图**:顾子易）

阿
P
受
蒙
骗

　　离春节只剩下三天了,阿 P 归心似箭,离开工棚,直扑火车站。

　　火车站人山人海,阿 P 排队排了好长时间,好不容易挨到售票窗口,一问,自己回家的车次,不论快的慢的,几天前票就已经全部卖光了。正当他沮丧地离开窗口时,一个二十多岁的小伙子凑过来,低声说:"哥们儿,借个火。"阿 P 掏出打火机递过去,小伙子一边点烟,一边把他拉到角落,悄悄问道:"大哥,要票么?"

　　阿 P 明白了,对方是个票贩子,于是试探着问:"怎么,你有票?"小伙子说:"你到哪里?"阿 P 报了站名,小伙子点点头,说:"没问题,但要加点儿手续费。"阿 P 问:"多少?"小伙子说:"不多,你跟我来吧。"

小伙子领着阿 P 离开广场,在路边把他交给一个年轻女人,说:"你跟她去就可以了。"然后转身走了。那女的也不答话,闷着头三拐两拐,把阿 P 带到一个僻静处,四下看了看,说:"几张?"阿 P 伸出一个指头。女人说:"交钱吧。"阿 P 问多少钱,那女人说出一个数字,阿 P 一听,几乎比正常价格翻了番,吃惊地叫起来:"妈呀,这么多? 比卧铺还贵呀! 不是说只多点儿手续费吗?"那女人说:"你叫什么叫? 这可不就是个手续费? 这票到我手里,钱就没少花,你多少也得让我们赚点儿吧? 要不,谁担着风险扯这个!"

阿 P 腰里的钱,都是每天汗珠子掉下摔八瓣儿挣来的,他平时节衣缩食,从不多花一分,今天怎么舍得这么破费? 于是连连摆手摇头,说:"算啦,算啦! 我买不起,不买了。"

那女人不高兴了,说:"你不买可以,可害得我跑这么远的路,你给个打车钱吧!"阿 P 一听,怕女人纠缠,急忙说:"对不起,对不起!"回身一溜烟跑了。

阿 P 回到车站,壮着胆子夹在检票队伍中,企图蒙混过关,可一下就被那些一脸严肃的工作人员给扒拉了出来。

阿 P 又回到售票大厅的时候,已经是下午了,要是再走不了,到家就吃不上年夜饭了。他急得团团转,就在这时,又看到刚才那个倒票的小伙子在不远处转来转去。他横了横心,走上去问:"不知道现在还有票吗?"小伙子斜了他一眼:"你不是嫌贵吗?"阿 P 赶紧说:"不贵,不贵。麻烦你给我弄一张吧。"说着,从口袋里掏出 10 元钱,恳求道:"这次我就不去了,这是给你的车钱,你过去帮我把票取来吧。"小伙子去了没多久,就拿着票回来了。阿 P 急忙迎上去,把票钱塞到小伙子手里,小伙子接过一数,说:"不对,还差 100 元。"阿 P 拿回来数了一遍,说:"怎么不对,是先前那个女的告诉我的价钱呀。"小伙子说:"当时是那个价,现在涨了。"阿P说:"就这么一会儿,怎么就涨这么多?"小伙子说:"人家就交代我这个价,咱废话少说,你如果嫌贵,我给她送回去。"说罢,回身要走。阿P心里暗骂:"真黑呀!"但再黑也只有这一条道了,他咬牙切齿地又掏出一张百元大钞递过去,这才把票拿到了手。

这道坎儿过去了,可阿P走得并不顺心,他途中还得换一次车。到了换乘中转站,情况一样,窗口买票根本想都不用想,没门儿。这回阿P聪明起来,不再犹豫了,二话没说,从票贩子手里买了高价黑心票,终于在大年三十的下午赶到了家,虽说多花了不少冤枉钱,但总算平平安安到了家。

团聚是甜蜜的,但又是短暂的,为了生计,不出正月,阿P又该离家南下了。这回阿P有了经验,他提前到火车站预购车票,果然顺利,因为是联网售票,阿P连中转换车的票也一并买了,并且还别出心裁,额外又多买了几张。阿P有自己的打算,他算计着到起身的时候,正是民工返城的高峰期,各地的火车票肯定紧张,自己到中转的城市,把多余的几张车票高价一出手,就可以赚一笔,这样一来,回家路上被票贩子黑去的钱就找回来了。阿P赌气地想:哼! 他们做得,我阿P为什么做不得? 闯社会这玩意儿,靠的就是胆大,傻瓜才光被别人宰割哩。

阿P告别家人南下,坐了一天火车,来到中转的城市。下车后,他饭也顾不上吃,拎着瓶矿泉水,在车站广场乱转,他要尽快把多余的车票卖出去。

他想得没错,车票果然空前紧张,许多民工因买不到车票,被困在这里,急得团团转。阿P暗自得意,他观察多时,瞄准了几个聚在一起焦躁不安的民工,听他们对话,知道正是跟自己去的同一个方向。于是假装借火,凑过去搭讪:"哥儿几个要买车票是吧? 我手头倒是有几张,本来是给几个老乡买的,但因为情况突然变化,他们不走了,就只好出让了。你们如果需要,咱们就两方便了。"

那几个民工一听，顿时眼睛放光，连说："要，要，我们都在这里困了两天了，你简直是及时雨呀!"阿P说："且慢，咱丑话说在头里，我这票是高价来的，每张比窗口票得多花近一倍的钱，你们哥几个可想好了再决定买还是不买。"

那几个人一听，犹豫了，说："这么贵呀? 不能便宜些么?"阿P摇摇头："说实话，我一分钱都没赚你们的，就是怎么来怎么去。出门在外，我不会骗你们的。"几个民工你看看我，我看看你，最后眼睛都盯着一个年纪较大的"连鬓胡"。那连鬓胡思忖了一下，说："这票咱们得要。尽管多花点钱，但如果继续这么困下去，反倒多破费。"

阿P接茬说："对呀，这位大哥的账算得有道理。"其他几个人没作声，算是默认了。但其中一个说："理倒是这么个理，可是我身上的钱不够啊。"连鬓胡想了想，说："你们谁有，先借他。"几个人异口同声说自己还不足。连鬓胡皱起眉头，琢磨了片刻，说："这么办吧，我因为怕丢，身上没敢多带现金，但邮政存折上还有几个钱。我到车站邮局取出来，先给你们垫上，不过，你们可要讲信用，到地方一定想办法尽快还我。"几个人连说"一定、一定"，于是连鬓胡对阿P说："哥们儿，你稍等，我去去就来。"说着从破背囊里掏出一个存折，起身走了。

阿P跟几个民工有一搭没一搭地聊着，几分钟不到，那连鬓胡就回来了，说："钱取来了，把票给我们看看吧。"阿P说："这还能假!"说着就掏出票来。可是还没等对方接过去，突然，身后伸过一只大手，牢牢地抓住了他的手腕。阿P一回头，整个人顿时傻了。怎么? 身后是两个警察。原来那连鬓胡说去取款，只是为了稳住阿P，其实是到车站派出所举报，警察迅速出动，把阿P抓了个现行。

到了派出所，警方把阿P所有的车票全部没收，原价卖给了那几个民工,对举报人连鬓胡还按规定给了奖励。连鬓胡拿到车票和奖金,冲阿P说声"多谢",兴冲冲地走了。本想算计人家,却反过来让人家给算计了,阿P又羞又气,那懊丧劲儿就别提了。好在警方念他初犯,教育一通就把他放了。阿P又落个两手攥空拳,与那些因买不到票而受困的民工为伍了。

怎么办?阿P思来想去,没有别的办法,时间紧迫,还得找票贩子解决。

阿P在广场转了几圈,碰巧又遇到了上次中转时卖给他票的票贩子。对方一见阿P,乐了:"嗨!哥们儿,怎么又是你呀?缘分哪!"阿P说:"上次是往北,这次是往南,还得请你帮忙给弄张票。""没问题!老相识了,看在回头客的分上,这次给你打折。说吧,到哪?"果然,不一会儿,票贩子就给阿P拿来了票,真的就比上次便宜了许多。阿P心里想:"人心都是肉长的,这个票贩子倒是蛮有人情味儿的。"

检票,登车,阿P心安理得地拿着票去找自己的座位,找到票上标明的"7车16号",一看不对,人家是软卧车厢。阿P把票给旁边的旅客看,有人问他:"这票是从票贩子手里买的吧?"阿P点点头。那人说:"你上当了,这是张假票。"阿P火了,想下去找那个票贩子,可车已经开了。那人很有经验地提醒他道:"千万别嚷嚷了,不然工作人员知道了,不是赶你下车,就是让你补票。你赶紧到硬座车厢找个地方悄悄待着吧,这假票做得可以乱真,检票不容易发现的,也许侥幸就混到地方了。"

阿P忐忑不安地找了个角落缩在那里,竟真的一路无事,到地方下车,顺利走出车站检票口。想想自己这次回家,往返都被人蒙骗,很是不爽,不过想到自己用假票混上了车,也算得上是笑到最后的胜利者啦,阿P脸上又出现了笑容……

（李清林）

（题图:李　加）

阿P跑长途

　　这天,阿P跑长途返程,因回家心切,就上了一条不常走的公路。货主有点担心地对他说:"阿P,据说这条路最近成立了个什么联合执法队,路检很厉害,动不动就罚款。"阿P把胸脯一拍:"怕什么? 我这是空车返程,难道他非要鸡蛋里挑骨头?"

　　说着话,这车就上了路。哪知,车子才跑几公里,远远地就看见路边有个"大盖帽"向他举起停车牌,阿P定睛一看,是路检的,不敢怠慢,赶忙将车子开到路边停下。车子未停稳,两名大盖帽就跑过来,大声嚷道:"喂,车子已超重,罚款,罚款!"

　　阿P吓了一跳,赶忙跳下车辩解道:"这位领导,车上没装任何东西,你看副钢板还悬着呢,不信我打开车厢门让你瞧瞧!"

　　大盖帽自知说错了话,瞪了阿P一眼,不服气地说:"空车?

空车干吗开得比蜗牛还慢？哼,车厢这么大,至少有超载的嫌疑。今天不超载,明天也会超载!"接着把脸一板,一本正经地说:"黄金周开始了,所有上路的车辆都要检查车况。哼,我就不信,你的车没有其他毛病!"说着,爬上了驾驶室。

只见他揿一揿喇叭,扳一扳排挡,摇一摇方向盘,没有发现什么毛病,心里有些不高兴了,对另一名大盖帽说:"你帮助看着,我查查灯光,我就不信找不出他的毛病来!"他试了前灯试后灯,试了大灯试小灯。另一名大盖帽就一会儿跑前一会儿跑后,累得气喘吁吁,可是,折腾了老半天还是查不出毛病。这时,坐在驾驶室里的大盖帽火了,只见他油门一轰,将汽车开起来。跑了一段路,然后猛一刹车,跳下来,不管三七二十一,张嘴就嚷:"制动失灵,按规定,罚款50元!"

阿P一听这话急了:"我的车刚刚保修过,怎么可能制动失灵？你看刹车的拖痕,灵得很! 你们可不能不讲道理啊!"

大盖帽两眼骨碌碌地把阿P上下打量一番,冷笑道:"嘿嘿,是你说了算,还是我说了算？ 看来你是敬酒不吃吃罚酒了! 我问你,你的车年检了吗?"

"年检了,上个月刚年检的!"阿P不敢说假话,如实回答道。

"那保险费、养路费缴了吗?"

"都缴了,要不然怎么能上路。"阿P心中无鬼,回答得轻松自如。

"好! 你把所有的证件都拿来,让我查验查验!"大盖帽瓮声瓮气地命令道。

阿P不敢违抗,忙将放证件的皮夹子拿来,恭恭敬敬地奉上,满脸堆笑地说:"所有证件都在这里,手续齐着呢!"

大盖帽接过皮夹子,翻来覆去看了好一会儿,忽然眉头一皱,问道:"你的行驶证呢?"

阿P心里一个"咯噔":"不是跟驾驶证放在一起的吗?"忙接

过皮夹翻了翻,不禁愣住了:行驶证果然不见了。

阿P这下慌了手脚,急得翻箱倒柜,可是找遍了驾驶室的每一个角落,翻遍了衣服的每一只口袋,就是见不到行驶证的踪影,额头上的汗就"吱吱"冒了出来,最后只好老老实实承认说:"行驶证恐怕弄丢了。"

一听这话,大盖帽立即两眼放光:"好哇,弄了老半天,还是无证运营的黑车啊!你可知道无证运营的后果?扣车,拘留15天!"说着,将其他证件一把夺过来,装进公文包,往胳肢窝一夹,走了。

阿P这下可是庙里长草——慌(荒)了神,赶忙拉住大盖帽解释道:"我的车不是黑车,是有证的,不信你上网查查嘛!"

大盖帽摆摆手,爱理不理地说:"咱们这儿电脑没联网,就算你是有证的,你把证补办来就放行,总成吧!"

阿P知道鸡蛋碰不过石头,只好低头求饶道:"我们跑一趟长途不容易,您就高抬贵手,网开一面,作罚款处理,放我一马吧!"

"你早说这话多省事!"大盖帽说着,从公文包里拿出罚款单,垫着膝盖划拉几下,"沙"撕下来,用不容商量的口吻说:"按最低标准,罚款200元!"

阿P拗不过,最后只得乖乖地交罚款。

阿P捏着200元换来的罚款单,望了一眼前方的路,不禁惊出一身冷汗:前方像这样的路检卡少说也有十几个,照此罚下去,这趟车不但白跑,还要倒贴油钱哩!他这么一想,再也不敢开车了。货主感到过意不去,过来劝慰道:"你还是想开一点吧,事到如今也没有办法,还是赶路要紧。"

阿P坐在路边抽了一会儿闷烟,忽然站起身,抽出摇把,"啪"的一声将一只大灯砸了个粉碎,爬上车,车门"嘭"地一关,上路了。

货主感到不理解,说:"你怎么跟小孩子似的,拿车出气呢?"

阿 P"嘿嘿"一声冷笑,说:"这不叫出气,叫碰运气!"

货主摇摇头,不再说话了。

车子开了七八十公里,果然碰到了下一个检查卡,这时路检人员老远就看到驶来一辆瞎了一只"眼"的车,把车拦下,再也无需问这查那,直接撕下罚款单,按规定罚款 20 元就放行。这样一来,阿 P 一路上因灯的事被处罚 11 次,交罚款二百余元,行驶证丢失的事居然一次也没有被问过。

回到家,货主想起阿 P 应付路检的妙计,罚款少不说,还节省了不少时间,不由竖起了大拇指:"高,实在是高!"

阿 P 得意地笑了笑,说:"没有这两下,哪敢闯天下?"随即,从皮夹中将所有证件倒在桌面上,准备找有关证件去补办行驶证,哪知,他将所有的证件倒出后,觉得皮夹的内层还有一块方方正正的硬物,他抽出一看,顿时傻了眼:正是行驶证呢!行驶证怎么跑到皮夹内层去呢?这个内层他可是从来没放过东西啊!难道是那位大盖帽做的手脚?

看来,那俩大盖帽准是假冒的货色,自己上当啦!阿 P 猛地一拍后脑勺,差点晕过去。不过,他很快就镇定了下来,他扳指头算算,这一趟车扣除罚款和买灯的钱,还能赚上伙食费哩,不禁又得意起来……

(谢元清)

(**题图**:李　加)

处世——啼笑皆非

对于处世接物,凡能忍辱负重、审慎考虑的人,往往易于达到希望的目的,操最后的胜算。

　　阿 P 到单位不满三年,就被局长列为业务科科长的候选人。老科长马上就要退休了,眼下,阿 P 正接受考察哩!

　　俗话说:不跑不送,原地不动。阿 P 也想给局长送一个红包,意思意思,可他老婆小兰嫌这样做太俗气,说不如请局长吃顿饭,不温不火,礼到意思到。阿 P 一想也是,于是便给局长下了帖子。没想到这个局长一天十几个饭局,根本没把阿 P 放在眼里,阿 P 请了好几次,局长始终没答应。

　　阿 P 正急得像小狗咬尾巴——团团转呐,突然有一天,局长把他叫了去,笑眯眯地说:"你不是要请我吃饭吗?今天晚上怎么样?"局长主动请约,这太出乎阿 P 意料了,他顿时激动得手足无措,连声说:"行,太好了,我一定安排好!"从局长办公室出来,阿P连忙打电话到全市最火的"香满天"酒楼,预定了席位。

难得有机会能和局长这么近距离地亲密接触,阿P决定到时候好好表现表现自己。不过,趁机自吹自擂一番吧,太浅薄;摆阔充大款吧,也愚蠢;和局长拼酒量?更可笑。他抓耳挠腮思忖了半天,也没想出最佳表现办法。这时候,手机响了,是小兰打来的,叫他下班买米回家,阿P趁此把请局长的事说了。小兰在电话里"咯咯"地笑:"你快回来,我教你一个办法,保证让你们局长对你刮目相看。"

如此这般到了晚上,阿P到酒楼等局长,没想局长还带来了一个打扮入时的女人。见阿P一脸疑惑,局长忙介绍道:"这是我的大学同学,出差路过,我请她一起过来了,你不介意吧?"阿P脑子转得飞快:原来局长今天让我做东是醉翁之意不在酒啊!他赶紧让座:"局长,您真是太客气了,这是我阿P今天运气好,平时就是八抬大轿也请不到你们这样的贵客呀!"

酒菜很快上来了,阿P心里那个高兴呀,一炷香供两个菩萨,看来,只要把这顿饭请好了,考察也就过关了。不一会儿,服务小姐给各位斟满酒,阿P恭恭敬敬端起酒杯,正要来段情深意切的开场白,突然,他腰间的手机响了,没办法,只好歉意地给局长打个招呼,出去接电话。回来之后,阿P很不好意思,嘴里一个劲地解释:"几个客户真烦,吃饭都不让人太平。局长,您可千万别见怪。"也许是女同学在边上吧,局长显得特别大度,一点儿都不在乎,反而体谅地对阿P说:"手机不就有这个好处嘛,有事儿随时都能找得到你,否则要它派什么用?"

局长如此体贴自己,阿P真是感动不已,他立刻站起来,恭恭敬敬地给局长和他的女同学敬酒:"局长……"可才吐了两个字,他的手机又响了,只好又跑出去接听。

就这样来来回回的,一顿饭还没吃到一半,阿P已经接了十多个电话,有好几次铃声大作,局长还以为是自己的手机响呢,赶紧拿起来听,结果都是阿 P 的。局长看阿 P 跑进跑出这么忙,不由拍着他的肩感叹道:"你这个同志呀,真是不简单哪!瞧瞧,忙得一头大汗,你要注意身体呀。"局长的那位同学早已没了吃饭的兴致,推说还有事,匆匆忙忙吃了几口,就和局长一起离开了酒楼。

局长他们走了,阿 P 独自坐在包厢里,回味着刚才局长的话,心里像抹了蜜似的,哈哈,业务科科长的位子非我阿 P 莫属了!

一个星期以后,科长的任命下来了,谁知却没有阿 P 的名字。阿 P 当时就差点昏过去,他百思不得其解,自己到底哪个环节做得不到位呢?后来有人给他通了气,局长说阿 P 这人爱出风头,作风不踏实。

一肚子的委屈单位里不能说,阿 P 只好回家一股脑儿倒给小兰。原想小兰还会安慰自己几句,可小兰看着他那张拉长了的脸哭笑不得:"你呀,你真是个呆子!我要早知道你们局长还带个女的来,我就不会给你打那么多的电话了。你想想,你不在局长的女同学面前好好向局长献殷勤,还去跟局长抢什么风头?一顿饭,你电话不断,局长倒像个闲人,你叫局长的面子往哪儿搁?"

阿 P 心里冤哪,其实那天的电话确实都是小兰打的,他们是想在局长面前造成阿 P 精通业务、客户多多的印象,哪知反而弄巧成拙。

阿 P 又恼又悔,在床上躺了整整一天。不过,第二天早上醒来,他又想开了:小小一个科长算什么?哼,过几年发达了,局长都得给我拎包。想到高兴之处,阿 P 不由得哼起了小调。

(王国龙)

(题图:李　加)

阿P想当官

　　齐庄村委会的姜玉林撂挑子不干了,村委会让姜村自己推选一名村委委员。

　　齐庄行政村由四个自然村组成,每个村一名村委委员。姜村是其中最小的一个,因为村小人少,加上姜玉林窝囊,姜村在村委会说话总不硬气,什么事情上都吃亏:过去救济粮得的少,而今提留款却多缴。现在,姜村人下定决心,一定要选个能在村委会说话硬气的主儿。

　　村里人都把关注的目光投到阿P身上,阿P上过高中,有文化,人仗义,能言善辩。就只一样,村里人拿不准阿P到底厉害不厉害,因为村里人从没见他发过脾气。万一又选个软包子上去,岂不白白忙活一场? 所以就一直拿不定主意。

阿 P 听说村里人准备选自己进村委会,心里美滋滋的。可过了两天,村里却又没了动静,阿 P 暗自纳闷,就找到好朋友双林打听情况。双林说:"我听大家的意思,是怕你不厉害,进了村委会又成了窝囊废一个,不白忙了?"阿 P 说:"那我咋办?"双林琢磨一下,说:"咋办?这可是个机会,你还是得想办法争取选上。眼下,你得想个法子表现一下,让村里人都知道你厉害。"

阿 P 回到家,越琢磨越觉得双林说得有理,可问题是怎么显出自己厉害呢?找人打架?那也没人招惹自己啊。再说了,无缘无故跟人打架,村里人会怎么看?要给人造成蛮不讲理的印象,岂不更得不偿失?阿 P 正想得脑瓜仁子发疼,正巧老婆小兰背了一大筐猪草从沟里走出来。阿 P 眼睛忽地一亮:别人打不得,自家老婆可打得,就打一回老婆,让村里人知道自己的厉害。

想到小兰为了自己进村委会,要无缘无故吃顿冤枉打,阿 P 确也于心不忍。小兰打从跟了自己,里里外外一把手,什么苦没吃过?自己怎么下得了手?不过,事到如今,也说不得了,打吧,等进了村委会,再给她说个小话,赔个礼也罢了。

主意打定,阿 P 就要动手。再转念一想:不行,这会儿打了,谁都见不着,岂不是瞎子点灯白费蜡?还得吃中午饭时动手,那时,看热闹的人一准多。

中午,阿 P 估摸着小兰还没做熟午饭,提前收工回了家,他要找个跟小兰生气的借口。果然,小兰正在灶上灶下地忙碌,阿 P 将手中的家什往院里一扔,火气冲天地喝道:"都什么时候了,还没做好饭,想饿死老子?"小兰揩了一把汗,抱歉道:"没想到你这么早回来,你先坐下抽支烟,饭这就得了。"

阿 P 不容小兰多说,骂骂咧咧:"你在家干什么吃的?让老子白养活你啊,连饭都做不好!"小兰有点不解地看着丈夫说:"你今天咋啦,我也是刚从地里干活回来,差这一会儿工夫你就不行?凭什么非得让我给你做饭?这饭,我不做了!"

阿P朝门口瞅瞅,见院外已围了不少人,于是加大了声音:"你还敢犟嘴,看老子今天打不死你!"说着,就举起手来。

小兰自打与阿P结婚以来,两个人恩恩爱爱,从没红过脸,所以今天丈夫发脾气,小兰一直忍让着,现在阿P蹬着鼻子上脸,小兰也来了火:"你打,你打啊!"

阿P脑子一热,冲了过去,劈手就给了小兰一记耳光,小兰的脸上立刻就留下了五个手指印。这一下可将小兰打火了,小兰叫道:"阿P,你再打一次试试!"有那么多人瞧着,阿P是箭在弦上,不得不发:"再打你咋着? 我就打了,你能怎么着?"上去又是一下,不过,这回阿P留了个心眼,没敢动真的。可小兰却不干了,一抹头发,冲着阿P就一头撞过去,将阿P撞了个大跟头,两个人厮打在一起。

真打起来,阿P就怯了。本来是表演给别人看的,所以就处处让着,可小兰不知内里,招招见真,很快,阿P的头上就多了几个鼓包,脸上也多出几条血道子。阿P落荒而逃。

打完架,小兰头也不回,收拾包裹回了娘家。事情到这分儿上,阿P可说是始料不及,不过,一想到就要选进村委,他心里也就坦然了。阿P没有到丈母娘家去接老婆,一切等选完了再说吧,到时候把内情一说,她准消气。

村委会选举照常进行,出乎意料的是,自以为稳操胜券的阿P只得7票,倒是小兰以86票的绝对多数当选村委会委员。

阿P百思不得其解,就去问双林。双林说:"大家说了,小兰一个女人家,连自己男人都敢打,是个厉害角色,在村委会准吃不了亏。不选她选谁?"阿P听后愣了半天神,怎么会出现这种情况呢? 忽然,他咧开嘴笑了,他想:小兰选上了,自己好歹也是村委干部的老公啊。想到此,阿P觜里不由得哼哼起来:"十五的月亮,有你的一半,也有我的一半"……

(杜爱斌)(题图:李　加)

阿P买房子

　　阿P最近买了一套商品房,交房时拿钥匙到新房一看,却发现原先图纸上客厅部位的窗户没有了,这三进的房子,客厅没有一个窗户,黑乎乎的连一个透气的地方都没有,可怎么住人呀!

　　阿P一气之下,就要去找房产商讨个说法。可这时阿P老婆走进门来,说:"房产商那里不要去找了,是县建设局不让开窗的,设计图纸早已变更了,告房产商不一定管用,即使能赢,也费时费力。刚才我们这一溜没有窗户的几个住户已商量好了,决定自行开一个窗户。"

　　阿P一听,两眼鼓得老大,说:"那怎么行,我原来也管过城建,知道规划一经通过,就得遵守,擅自敲打外墙,那可是违章的,城管会找麻烦的。"

老婆把嘴一撇，说："咱们从一楼到九楼都按统一尺寸、统一材料做窗，又不影响市容市貌，违什么章？再说了，大家统一行动，也法不责众啊！"

阿P头摇得像拨浪鼓，说："使不得，使不得，我们不能以身试法，拿鸡蛋去碰石头呀，特别是我，捧的是政府的饭碗，胳膊怎拧得过大腿？"

老婆把眼一瞪，说："亏你还是个男人，前怕狼后怕虎的，你不想一想，今后一辈子住这样的鬼洞是什么滋味？其他别说了，大家已商定，十一点半，城管一下班，就开始动手，民工都找好了，咱可不能拖大家的后腿啊！"

说话这当儿，忽然楼上、楼下响起了"毕毕剥剥"的敲墙声，这时门外有人敲门，把门打开，来了两个手提土筐、铁锤、錾子的民工，阿P看看手表，正好十一点半，显然打墙行动已经开始。阿P老婆把民工迎进门，拿钢卷尺在墙上拉了几下，用红砖头在墙上划了一个大方框，一声令下："砸！"两个民工抡起锤子就敲开了，噪音、粉尘顿时充斥着整个屋子。

阿P劝又劝不了，想又想不出更好的办法，急得一会儿跑阳台看动静，一会儿跑现场，心里如十五只吊桶打水——七上八下，不知如何是好。

两个民工正打得起劲，忽然楼外有人大声喊道："城管来啦！"楼上、楼下敲打声戛然而止，两个民工一听说城管来了，未等东家叫停，便收拾起工具拔腿就跑。可是刚打开门，五六个大盖帽已经站在了门口，为首的一个二话没说，拿下民工手上的工具，走进来，指着阿P的鼻子，质问道："你可是在政府里头上班的，叫阿P？"

"嗯……嗯。"阿P吓得脸色陡变，支支吾吾地不敢作声。

那人见已找对了主儿，顿时提高了声调，嚷道："谁让你打的？啊，你吃了豹子胆了？敢在政府的眼皮底下搞破坏？你难道不知道墙外是政府广场吗,啊?"

阿 P 老婆正要辩解,那人把手一挥,说:"少废话,我现在正式通知你,限你在明天中午十二点之前恢复原貌!哼,别人管不了,你还管不了?要不要打一个电话请你们领导来?"

阿 P 吓得脸色铁青,两腿发颤,一个劲地说:"不要,不要,我恢复,我马上恢复!"

"你可别要滑头!"那人摆摆手,转身走了几步,又回转身来,对一个手下说:"开了,开了!"只见后面一个人从公文包内取出了个本子,让阿 P 签了一个字,然后撕下来递给阿 P,一伙人这才大摇大摆地走了。

等城管撤了,阿 P 楼上、楼下一打听,才发现家家户户都收到同样的处罚单了。阿 P 看看别人家,有的整堵墙都拆了,有的已拆了一大半,不禁暗暗庆幸起来;还好自己多了个心眼,打墙时让民工停下来抽了两支烟,耽搁了一些时间,只打了一个小洞,只要用几桶砂浆就抹平了,不然的话……

事不宜迟,阿 P 赶忙找来泥水匠商量着就要补墙。这时,老婆又出来阻拦了:"胆小鬼,城管也是欺软怕硬的,急什么?看看人家怎么处置再说吧!"

阿 P 这回可不相让了,把脖子一梗,说:"正式处罚单都下来了,还有什么退路?你不在机关上班不知道,难道是想让我把饭碗砸了,是不是?嘿,这回我做主了,补!"

阿 P 一声令下,民工提来砂浆,搬来砖块,三下五除二就把墙洞给补好了,气得他老婆一跺脚撒手不管了。

紧接着房屋装修开始了,阿 P 围着那堵没有窗户的墙,走来走去,苦思冥想。突然他灵机一动,想出了一个装修方案:在那里做一面电视墙,装几盏射灯,既可照明,又可起装饰作用。于是说干就干,到建材市场买来高档文化石,开始施工了。

这时楼上、楼下的住户也开始装修了,他们口头上答应城管补墙,可实际上却没有一点动作。等过几天恢复了平静,又有人来找阿P,说:"咱们商量好了,今晚九点打墙,白天干不了晚上干,这窗不开没法住人呀!"

阿P一听直摇头;说:"你们别再胡闹了,还是抓紧把墙补了吧,千万别顶风冒犯,越搞越被动啊!"

其他住户不听阿P那一套,真的一个晚上把窗全开了。这下可好,整个小区就像捅了马蜂窝,城管大队倾巢出动,楼上、楼下如同炸开了锅。城管中有的说要上法院起诉,有的说要没收扣押房产证,有的说要断水断电……住户中有性子硬的,操起铁锤咬牙切齿地说:"哼,我下岗没人管,打个墙却招来这么多管家婆,逼急了,老子跟你们拼了!"也有软的,嬉皮笑脸地说:"好好好,我补,我补。"心里却想赖着不补。还有半软不硬的,不冷不热地说:"全城别的小区可以打,为什么唯独我们这儿不能打?处理不公,我要告你们!"总之,吵吵嚷嚷,闹得不可开交。

而阿P家这回却风平浪静没人来找了,阿P因此高兴地对老婆说:"嘿嘿,毕竟我长些见识,知道些深浅,要是听他们的,这下可苦了!"

可阿P笑了一段时间却笑不出来了,为啥?原来城管光打雷下不下雨,开头几天还来咋呼咋呼,后来县里换届人事变动,领导层没心思管事,来得也少了,而住户们今天安一个窗框,明天做一个护栏,后天装一顶雨披,窗户竟不声不响地"长"成了。阿P有些后悔,但看到电视墙做好后效果还不错,尽管没办法采光,可射灯一开,还有几份温馨感,这样心理也平衡了些,心想:他们终归是违规的,总有一天要处理的。

不久,县里调来一位新书记,新书记在邻县分管过城建,是这方面的行家,他上任第一天往政府门前广场一站,就发现阿P那幢楼房的问题:怎么同一溜房子,上有窗下有窗,唯独中间一户没窗呢?新书记越看越觉得别扭,就问秘书是怎么回事,秘书也不好说什么,就"哼哼唧唧"地给敷衍过去了。

可是过不久,省"连心桥"慰问团要到县里来慰问演出,戏台就搭在政府门前的大广场上,阿 P 那幢房子正好是戏台背景。连心桥慰问团在当地久负盛名,其演出要向全省实况转播,因此几天来,新书记为了树立改革开放的新形象,动员全县上下打扫卫生,种植草皮,拆除"乱搭盖",把县城打扮一新。可当他来到广场作最后检查时,瞅了瞅戏台的背景墙,眉头不由皱了起来:这是败笔啊,如果摄入镜头,还不是向全省献丑吗? 于是一个电话把建设局长叫来,说:"限你在三天之内把那户人家的窗户开了!"

建设局长支支吾吾地说:"那……那……那其他开窗户的八家可是违章的呀!"

新书记不高兴了,把脸一沉:"死脑筋,你是做八家的工作好做呢,还是做一家的工作好做?"建设局长豁然开朗,一拍脑门:"是、是、是,我这就去办,我这就去办,保证三天之内搞定!"

半个小时后,城管一大帮人一起开进阿 P 家,还是上回那个大盖帽,一进门就对阿 P 嚷道:"阿 P,你这套房子没有窗户,已严重影响到整幢楼的外观,直接影响市容市貌。经建设局研究决定,限你两天之内拆墙开窗!"

阿 P 一听,差点没晕过去:现在一家人已搬进新居,那堵电视墙花了好几千元不说,单就老婆那里也没法交待呀!

可是阿 P 有能耐顶住不开吗? 他这回是真的胳膊扭不过大腿了。

当然,墙最后还是拆了,阿 P 被老婆骂了几天,可当他看到新装上的宽敞明亮的窗户时,心里又乐了:奶奶的,终于又可重见天日了,过几天还可以在这里免费看慰问团演出呢!

(谢元清)

(题图:李　加)

阿P立大功

　　自打毕业后,阿P已经好久没跟老同学联系了,这天,大伙儿约好了要去酒店搞一次同学聚会。

　　晚上八点,阿P兴冲冲地来到酒店,同学还真不少,大伙喝得酒酣耳热之际,只听阿P吐着酒气说:"告诉你们,我阿P虽然只是个小司机,可实际上混得不比谁差,给领导开车好处大着呢,领导有什么,我阿P就有什么!"

　　大伙听着全笑了,有人故意逗他:"阿P呀,你说领导有什么你就有什么,那我问你,领导有包二奶的,你有吗?"

　　阿P一拍胸脯说:"谁说我没有! 龙泉山庄你们都知道吧,告诉你们,龙泉山庄七号楼,我阿P的二奶就在那里。"

　　大伙一听更乐了,龙泉山庄谁不知道呀,这可是郊外的一个别墅区。开玩笑！他阿 P 一个小小的司机,能在那地方包二奶? 有个同学故意掏出手机,挤眉弄眼地说:"阿 P,不是我们小瞧你, 你今天要是能说出这七号楼的电话,我们就信。"

阿 P 听了想都没想,张口就说出一个号码来,这位同学也不 含糊,二话没说就拨了出去。

只听得响了几声后,电话居然通了,大伙安静下来,这位同 学咳嗽了两声,故意拿腔拿调地说:"喂,我是电业局,我通知你 一下,明天线路抢修,你们这条线要停电两个小时。对了,你是 龙泉山庄四号楼吧,不对? 那你是? 哦,你是七号楼……"大伙 全都傻了眼,谁都没料到,一个小车司机竟然有这种能耐。

第二天酒醒之后,阿 P 一口灌下半缸凉水。冷水一激,猛然 想起酒席上的事情,顿时惊出一身冷汗来。不错,他是知道龙泉 山庄七号楼的电话,而这七号楼里也确实包着个二奶,可这二奶 不是他的,而是银行杨副行长的。杨行长是分管信贷的副行长, 阿 P 给他开车已经三年了,行长不拿他当外人,包二奶的事情一 开始就没有瞒他。这下可好,昨晚酒后失言,不会惹出什么麻烦 来吧?

阿 P 提心吊胆地等到第三天,麻烦终于来了。

这天快下班时,杨副行长把他叫到办公室,关好门,似笑非 笑地问:"阿 P 啊,你怎么把龙泉山庄的事情给说出去了?"

阿 P 红着脸,尴尬地说:"那天同学聚会,大家都喝多了,所 以……唉,都怪我这张臭嘴! 行长,我真的不是故意的。"

不料,杨副行长听了不仅不生气,反而打着哈哈走过来,拍 了拍阿 P 的肩膀说:"阿 P,你还不知道吧,刚才你老婆来单位 了,在领导那里闹了好一阵,说你在龙泉山庄包了个二奶,现在 呀,恐怕咱们全行的人都知道这件事情了。"

杨副行长大度地摆摆手,说:"也没什么大不了的,男人嘛总 有喝多的时候。我看呀,这件事情既然大家都知道了,那就干脆将错就错。阿P啊,你跟着我也有三四年了吧,说句实在话,我可一直没拿你当外人,这样吧,龙泉山庄的这套房子你先拿着,等上个一年半载,等这档事情过去以后,我就把过户手续给你办了。"

天哪!真是因祸得福啊!当杨副行长将七号楼的钥匙放到阿P手里时,阿P激动得浑身发抖,要知道,这栋房子价值好几十万呢!

离开时,杨副行长还特意嘱咐阿P,如果单位同事问起房子的事情来,一口咬定,就说自己去年买彩票中了大奖,瞒着老婆买的。阿P把胸脯拍得"咚咚"响,让杨副行长放一万个心。

出门以后,杨副行长的心是踏实了,可阿P的心却悬了起来。为啥?老婆这一关过不去呀。果然一回到家,小兰就给阿P使出了"一哭二闹三上吊"的看家本领,阿P抵挡了一阵子,后来实在招架不住,只得把整件事情彻底坦白了。小兰听完后,得知阿P白白得了一套房子,高兴得跳起来。

第二天,小兰跟着阿P来到龙泉山庄七号楼,杨副行长的二奶已经搬走了,从这以后,两口子就把这里当成了度假胜地,隔三差五总要到这里来享受一两天。

美滋滋的日子过了有两三个月,这天,有人突然通知阿P去行长办公室,进门一看,行长和书记都在等他,原来是杨副行长出大事了。

书记温和地说:"阿P啊,你不要有什么顾虑,现在有关部门正在调查杨副行长的经济问题,你虽然给他开了几年车,但我们相信你仍然是个好同志,今天把你叫来谈心,本身就说明组织上对你还是信任的嘛。"

阿P松了口气,赶紧表态说,自己一定全力配合。

回到家,阿P心想,这到手的房子说没就没了,不如再最后去一次,看看还能不能找出点值钱的东西补偿一下。于是,他带着小兰马上就赶到了龙泉山庄七号楼。

夫妻俩打开所有的灯,里里外外查找后,一无所获。阿 P 有些泄气,忽然听到卧室里传来小兰一声惊叫,跑过去一看,只见小兰手里拿着几张存折,兴奋得满脸通红。原来,卧室的壁柜里有个夹层,虽然很隐秘,但还是被小兰找到了。

存折一共五张,加在一起正好是五百万。五百万哪! 阿 P 和小兰瞪着眼睛直咽口水。夫妻俩经过一个晚上的商量,第二天,在行长办公室里,阿 P 当着领导的面,把五张存折一字排开,又将事情的前因后果全说了出来。

书记听完后,激动地握住阿 P 的手说:"我代表组织上谢谢你了! 阿 P 啊,你这回可是立了大功了,有了这个突破口,案子就明朗多了。"

其实早在几个月前,杨副行长就感觉到了风头不对。正好那天阿 P 的老婆来单位闹,说阿 P 在龙泉山庄包了二奶,老奸巨猾的杨副行长顿时心生一计,他先把存折藏在房里,再暗地里将房子送给阿 P。原想着阿 P 两口子为了这套房子,肯定会想方设法瞒住这件事情,这样就算自己日后东窗事发,有关部门找不到证据,也对他无可奈何。至于这笔钱嘛,日后再想办法取出来便是。

案子破了,阿 P 立了大功,被评为反腐英雄。

这天,开完表彰大会后,阿 P 喜气洋洋地回到家里,不料,小兰脸上却没有一点高兴的样子,反而发愁地说:"你想过没有,你把领导的坏事全抖了出来,这一次你是立了功,可今后怎么办,今后哪个领导还要你开车? 你们单位的司机本来就多,我看,你以后就等着下岗吧!"

一席话,说得阿 P 心里凉了半截。

第二天,阿 P 心事重重地来到单位,果然不出所料,人事主任一见他,就为难地说:"阿 P 啊,你现在的工作真是太难安排了,哎呀,我都快为难死了!"

阿 P 一听这话,顿时耷拉着脑袋,一副愁眉苦脸的样子。

主任见阿 P 这样,连忙补充道:"阿 P,你别误会,你现在可是反腐战线的英雄人物了,咱们银行的领导个个都跟我打招呼,都抢着要你来当司机,以证明心底无私呀!我现在都不知道怎么安排了。"

阿 P 惊讶得"啊"了一声,旋即便乐开了花。

（刘洪林）

（题图:李 加）

阿 P 骑"猎豹"

　　这天,阿 P 到朋友刘二家去喝酒,居然看到自己丢失的那辆"猎豹"轻便摩托车就停在院子里,虽然牌照换了,车子也旧了一些,但自己的东西还是认得出来的。

　　阿 P 走进院子,尽量不动声色地问:"这辆猎豹是谁的啊?"刘二指着一个小伙子说:"是'哪吒'的。"阿 P 不由分说,冲过去抓住那小子的衣领,吼道:"好小子,没想到在这儿碰上了,走,跟我上派出所!"

　　那人名叫哪吒,也有些小本事,他闪身反腕出肘,猛地一搡,阿 P 肋下受到撞击,不由自主地松开了双手,"噔噔噔"倒退出好几米,"扑通"一声仰面朝天摔在地上。

　　哪吒凶巴巴赶上去还要打,刘二赶忙上前拦住。阿 P 从地上爬起来,指着哪吒说:"他是个贼,他骑的这辆车是偷我的!咱到派出所说理去。我的东西,我有记号的。"哪吒听了这话一愣,不再骂了。刘二赶紧打圆场:"看在我的面子上,咱到屋里有话慢慢说,成不?"

这么一说,两人都点点头,随刘二进了屋。

阿 P 说:"这车是我半年前丢的,绝对没错!"哪吒倒也实在:"这车确实不是我的,但也不是偷的。我也有一辆猎豹,后来丢了。有一天,我到派出所闲逛,找我姐夫,就是那个人称'王大头'的副所长喝酒,闲谈中说起丢车的事,他说,正好我们刚破获了几起盗车案,你去赃物库看看有你的没有。我跟他去一看,没有,就开玩笑说要冒领一台,没想到他一口答应,于是我就把这辆猎豹推来了。"

阿 P 听他一说,虽说相信了,可心里又添了另一股恶气,暗想:我说这么多次到派出所认领失物,怎么都没有哪,原来是让所长小舅子给弄走了。

阿 P 正想着呢,刘二说话了:"人怕见面,树怕剥皮,如今事情全清楚了,刚才纯属误会。这么办吧,我做主,既然车是阿 P 的,就还给阿 P 好了。"哪吒看了看刘二,点头了。

阿 P 没想到对方这么轻易地就把车还给了他,一时突然觉得自己特有理,喉咙也粗了,提出了新的条件:"我的车丢的时候可是新的,你看现在这样子……"

哪吒见阿 P 说这话,就看刘二。刘二点点头,冲着哪吒说:"阿 P 说的也是,我看这么办吧,反正你姐夫在派出所,你就再辛苦一趟,他们那里不是还有吗,就再给阿 P 换辆新一些的,这不难办到吧?"哪吒似乎极不情愿,但还是答应了,说:"既然刘哥这么安排,我就去给你换一辆来。"

哪吒果然手眼通天,不大一会儿,就骑回来一辆崭新的猎豹,这真是塞翁失马!阿 P 兴高采烈地骑上新车,意气风发地回家去了。

老婆小兰知道这事儿后，多长了个心眼，劝阿 P 道："既然是赃物，你要是骑出去，被人家原车主认出来，那不就麻烦了？ 咱不骑，卖掉它，再买个新的吧！"

阿 P 觉得有道理，没几天就转手卖了个好价钱，两口子开始商量着买新车，阿 P 突然又改变了主意。为什么？ 他在街上看到了派出所的公告，说最近又连续破获了两起盗窃自行车摩托车的案子，收缴了不少赃车，请失主尽快到派出所认领。阿 P 一看，来了点子。他想，自己那台"猎豹"被哪吒到派出所换了新的，如今一定还存在派出所那里，何不借此机会，再去把它名正言顺地认领出来，这不是赚大了么？ 他把这主意一说，他老婆小兰有些担心，说："这么干不好吧？"阿 P 脖子一梗，说："有什么不好？ 他们警察可以随意把收缴的车送人，我为啥放着自己的车不去领？ 他们做得，老子也做得，哈哈！ 就这么办！"

过了几天，阿 P 来到派出所，院子里一溜摆放着赃车，他那猎豹果然在里面，只是比阿 P 上次看到时还要再破旧一点。阿 P 指着自己的车说："就是这个，我说得出特征的。"接着就得意地说出了自己车子的特征。旁边的警察奇怪地看着他，问道："那真的是你的车？"阿 P 不开心了："当然，我不都把特征说清楚了吗？"只见那个警察在另外一个警察耳边说了点什么，那个警察点着头先走了，剩下的一个对阿 P 说："既然你这么肯定，那就跟我到楼上办公室去办手续吧！"

阿 P 兴冲冲地跟他上了楼，没想到进屋以后，突然从门后闪出几个警察，猛地把阿 P 的胳膊扭到背后，然后浑身上下搜了一遍，厉声喝问："说！ 枪藏在哪里？"阿 P 哪见过这场面，吓得什么也说不出来。

等到了公安局的审讯室，阿 P 才知道，原来前不久发生了一起持枪抢劫案，案犯在作案现场遗留下了这辆猎豹电摩托，阿 P

现在来认车,肯定要把他抓起来审一下。

　　到了这时候,阿P顾不得体面不体面了,只好竹筒倒豆子,把一切经过说了一遍。并且揭发说,给他换车的那个人,就是派出所王副所长的小舅子。

　　办案人经过核对,王副所长根本没有这么个小舅子,也从没给谁换过车。不过根据阿P提供的情况,警方很快抓住了凶手哪吒,哪吒又供出了团伙首犯刘二,他们供认说阿P的车是他们团伙中的另一个人偷的,换给阿P的那辆新车根本不是到派出所换的,也是偷来藏在窝点的,当时因为怕阿P声张,就说了个谎骗他。

　　事情查清楚后,阿P被教育一通,退出了卖赃车的钱,并领回了那辆破车。

　　在领车的时候,凑巧碰到了那个王副所长,阿P一脸羞愧地说:"对不起,我把你想歪了。"王副所长乐了,开玩笑地说:"没关系,我们是亲戚啦,什么时候想换车,你只管来找我,有求必应。"阿P不好意思地直摇头。

　　阿P走出来一回味,不对,有点吃亏,这个大脑袋警察把我说成他小舅子啦! 不过再想想,过去在警察中连一个熟人都没有,通过这一番折腾,如今竟有个副所长赶着给自己当姐夫,倒也不赖啊! 阿P不由又有些飘飘然起来。

(李清林)

(题图:李　加)

阿P送红包

  阿 P 老娘从乡下到城里来看病,一查,是胆结石,就在市第一医院住下了,准备动手术。可准备了近一个星期,还是没上手术台,问主治的王医生,王医生说:"不急,再观察一段看看。"

  医生不急,可阿 P 急呀,还没动手术呢,两千元押金就快没了,再这么观察下去,谁能受得了?

  俗话说:办事凭关系,熟人好办事。到医院看病也不例外!可阿 P 和爱人小兰手指头都掰烂了,也没从认识的人中想出谁跟医院能扯上关系。没有熟人,阿 P 只好叹气:看来只能出点"血",送个红包给医生了。

  第二天,阿 P 就用红纸封了五百元钱,揣着来到医生办公室。头一次做这事,跟做贼似的,好不容易等到屋里就剩王医生一个人了,他才抖抖索索地把红包塞过去。

王医生来了个和尚念经——一本正经,正色道:"你这是干什么?别这样!"当然,一推二就,还是笑纳了。

笑纳之后,王医生脸上生动了许多,和颜悦色地问:"阿P,在什么单位上班呀?"

阿P恭恭敬敬地回答:"在龙腾公司。"

王医生眼睛一亮,说:"龙腾公司?单位不错呀,你和你们赵老板的关系怎么样?"

阿P心说,那么大的公司,我认识他,他可不认识我。随口回答:"还行,赵老板待我们大家都不错。"

顿时,王医生面露喜色,搓着手责怪道:"哎呀,有这层关系,你怎么不早说?"说着,他竟把揣进怀里的红包掏出来,还给了阿P。

阿P又是高兴又是疑惑,心想:这位王医生一定跟赵老板关系不错,自己秃子跟着月亮走,跟着沾光了。他手握红包道:"这怎么好意思呢?"

王医生摆摆手:"我有点小事请你帮帮忙。你们公司是不是新买了一辆宝马车?"

阿P一怔:"是呀。"

王医生点点头:"这就好。是这样的,我有个关系户的孩子后天要结婚,女方为了体面,要求用最豪华的车去接她,可是,火烧眉毛了,礼车到现在还没有着落呢。你能不能回去跟你的老板说说,借你们的宝马车用一下?"

"这可不……"话没出口,阿P又缩了回去,差点闪了舌头。他的第一个念头就是一口回绝,跟老板借车?这事他连想都不敢想。不过一想起病床上着急的老娘,他就把已到嗓子眼的话又咽了回去,重新酝酿了一下情绪,婉言拒绝道:"这事不大好办,赵老板拿着自己的车跟宝贝似的,不好借。再说市里有文件,不允许用公车办喜事啊。"

王医生呵呵笑了:"你们是私营企业,车自然是私车,市里文件管不着。"

见阿 P 还是一脸难色,他就把身体往椅背上一靠,居高临下地开口道:"话又说回来,如果准许用公车,我也求不着你呀。其实,租车咱也租得到,不过,那样不是显得咱太……太没关系了嘛?阿 P 呀,我这个人喜欢胡同里赶猪——直来直去。我知道这事有难度,这样吧,你只要答应帮我办成这事,让我朋友的儿子风风光光地办了喜事,你母亲的手术我马上就做,而且保证做好,让老人家顺顺利利、平平安安地出院。"

阿 P 一听,牙一咬,硬着头皮道:"那好,我试试看吧。"

从医院往回走的路上,阿 P 顺便拐进超市,买了点水果、饮料,提着就去找单位里的司机小牛。他知道,凭自己在公司里的身份地位,平常跟老板搭上话都难,现在开口去跟人家借车,那肯定是自讨没趣。他想来想去,就想到了司机小牛,自己结婚前曾跟小牛一个宿舍住过,虽说后来不大来往了,凭以前这层关系,或许小牛能帮忙跟老板说说。

你别说,这小牛还真够意思,听阿 P 说完,略微沉吟了一下,毅然说道:"咱俩这关系,你的事儿我怎么也得帮忙,我一定帮你去说说,我去求他,估计问题不大。不过……"

阿 P 想不到事情这么容易就办成了,还是人家小牛关系厉害,不由感激万分:"牛哥,你要是帮我办成这事,事后我一定……"

小牛摆摆手,有些为难地说:"咱先不说这个,是这样的,老板即便答应,公司还有规定,如果私人用车,必须交租金。"

其实,阿 P 不知道,因为座驾闲着也是闲着,赵老板早就私下跟小牛交待过了,只要不耽误自己用车,要是有人愿意出高价租车摆阔,只要出得起钱,就可以答应。不过,这事知道的人不多,阿P自然就把功劳全算在了小牛身上,十分感恩戴德呢。

听说要交租金,阿P当即把兜里的红包拿出来交给了小牛,说:"一切交给你了,你看着办。"然后,他马不停蹄,立刻赶到医院,把借到车的消息通知了王医生。

有道是,火到猪头烂,礼到事情办。当天下午,阿P的老娘就上了手术台,做手术时没有受到一点痛苦,顺顺利利取下了几粒花生米大小的结石……

事后,为了答谢小牛,阿P又掏钱买了一份礼物,郑重其事地登门致谢。小牛客气一番,推辞一番,也就笑纳了。他拍着胸脯说:"以后有事尽管找我,凭咱俩的关系,你要用车的话,只管说句话。"

阿P闻听一哆嗦,这次租车加上给小牛买礼物,花的钱比准备送给王医生的红包都多出好大一截,想想真是不合算。不过他现在是哑巴吃黄连,有苦说不出。再说,人家一片好心,跟自己关系好才说这样的话,于是就强撑着说:"我先谢谢了,以后有让我帮忙的事情,你也千万别客气。"

又过了些日子。

一天晚上,阿P忽然接到一个电话,一听,竟是王医生的声音,人家不再居高临下,客气得很:"阿P呀,吃了吗? 你看,咱俩现在也是熟人了,大哥我有点事儿要请你帮忙。你跟你们老板的关系不错,我们医院刘主任的儿子过几天结婚,能不能再借宝马车用用?"

阿P一慌,"啪"扣上了电话。

片刻后,电话又响了,阿P以为还是王医生,心惊胆战不敢接。小兰拿起话筒一听,回头对他说:"不是找你借车的,是你们单位的同事。"

阿P这才放下心来,接过话筒"喂"了一声,问:"什么事?"

对方焦急万分:"阿P呀,我爹要住院了,听说你医院里有关系?"

阿 P 忙道:"就我你还不知道吗? 哪有什么关系!"

"凭咱俩的关系,你还瞒我? 现在谁不都知道你跟市医院的王医生熟悉,连他朋友的孩子结婚,都是你帮忙找的车。再说你老娘的手术做得那么成功,医院里没有熟人,能办得到吗? 凭你和王医生的关系,你递个话,无论如何让他照顾照顾,这个忙你可一定要帮呀!"

"吧嗒",阿 P 手中的话筒一下子没握住,掉到了地上……

(黄建刚)

(**题图:李 加**)

阿P吹牛皮

　　阿P经常在亲戚朋友面前说,在社会上认识这个认识那个,大家有什么难事,尽管来找他,没有摆不平的。

　　一天,阿P正在家闭目养神,忽然被一阵急促的敲门声惊醒,开门一看,原来是表哥两口子,还带了一条"大中华"。阿P一愣,心中好生奇怪:表哥、表嫂和自己一向没什么往来,今儿一定有重要的事!果然,表嫂刚坐下,就一把鼻涕一把眼泪地说:"阿P表弟,你可要救救你那表侄……"

　　阿P一时摸不着头脑,问道:"表侄咋啦?"表哥叹了口气,说:"你侄儿年轻气盛,昨天在小饭店里因为一点小事,把别人砍伤啦,被抓进了公安局。咱家没权没势的,又没有门路可走,只好求你帮忙啦。横竖把这个不肖的东西保出来才好。"

阿P一听,可傻了眼:以前自己只是说说大话,没想到他们还真相信了。别说认识公安局的人,就连公安局大门口摆小摊的自己都不认识,这可怎么办? 但是自己以前可是夸过海口的,如果这次不答应,那不太丢人太没面子啦? 这么一想,阿P脑子一热,又吹了起来。他拍着胸脯对表哥两口子说:"嘿! 我当什么大事,原来就这么件小事啊! 我认识他们副局长,那是我的铁哥们,明天就能摆平! 你们放心回去等好消息吧。"

送走表哥两口子,阿P可真犯了难,这到底咋整? 对了,自己不认识,可以找亲戚朋友啊,或许他们认识呢。阿P赶紧把电话打了个遍,还真邪门,竟没有一个认识公安局的人。这下阿P愁得饭也吃不香了。

不过阿P就是阿P,一会儿他就想通了:这事非同小可,表哥肯定也找别人了,用不着自己那么起劲。

可这次他又想错了。第二天早上,阿P还没睡醒,表哥就风风火火地来了。原来,他见阿P一天没有动静,就再也坐不住了。阿P见表哥来了,忙穿好衣服,硬着头皮出来接待。表哥问:"阿P,那事儿咋样了? 你有没有联系到那个副局长? 他答应什么时候放人哪?"

阿P脸一红,结结巴巴地说:"唉,忘了告……告诉你,这个副局长前……前几天出差了,昨晚才回来,现在我就去找他,你……你回去听好消息吧。"阿P本想把表哥打发走,自己再想办法,哪知表哥一看阿P这个样子,越发不放心了:"阿P,你到底有几成把握呀? 该不是吹牛吧?"

这下,阿P可不干啦,打肿脸也得充胖子:"谁说我吹牛,你到处问问去,我阿P什么时候骗过人?""那你什么时候去呀? 我和你一道去。"表哥坚决不松口,死活要和他一起去。阿P心里不禁暗暗叫苦:糟了,这下可要露馅了。可又一想:事到如今,光在家呆着发愁也不是个事儿,去了兴许还有办法。

一路上,阿P也不和表哥说话,闷着头苦苦思索,拼命想待会儿到局里怎么应对的法子。突然,他想起去年在朋友的结婚筵席上,新娘给自己介绍过一个客人叫周建国,好像是在公安局工作。对!就是在公安局工作!想到这,阿P像抓住了一根救命稻草,悬着的心终于放下来了。

一到公安局门口,阿P就领着表哥往里闯,门卫一把拦住他们:"你们找谁?"阿P趾高气扬地说:"找谁?当然是找你们领导周建国了。"其实,阿P也不知道周建国是什么职务,只好说找领导。哪知门卫一听,哈哈大笑,对正在院子里打扫卫生的一名清洁工喊道:"周建国,有人找。"

阿P一看,忙问:"你们这里有几个周建国?"门卫一听,不高兴地说:"还能有几个?就这一个!难道我还骗你不成?"阿P顿时臊得满脸通红:"这……这……怎么可能?"

表哥一看苗头不对,赶紧问道:"阿P,你搞什么名堂?他到底是谁?"阿P硬着头皮说:"当然是这里的副局长喽!"表哥不信:"既然是副局长,门卫怎么对着那个清洁工喊'周建国'呀?"阿P心里急得团团转,突然急中生智,拍了拍表哥的肩膀说:"瞧,瞧我这记性!唉,这个周建国犯了错误,前几天刚撤了职,被贬为清洁工了。我怎么把这事给忘了?心里想着他还是副局长哩。"

听阿P这番解说,表哥更是一头雾水。而阿P心中却轻松了不少:总算蒙混过关了!

(徐　鹏)

(题图:李　加)

阿P治坏蛋

　　阿 P 在省城一家公司当保安，最近回家乡探亲，一帮子好兄弟设宴请他。这酒喝到高潮时，阿 P 发现刘峰缩在一旁闷闷不乐。刘峰是阿 P 的中学同桌，平时老实巴交，和阿 P 交情不错。阿 P 便问："兄弟，遭谁欺负了，说出来大哥帮你！"

　　刘峰未开口眼泪就先落下来。原来，刘峰和他的媳妇小丽都在镇上的私营服装厂打工，服装厂的厂长叫陈大壮，是个好色之徒，一次喝酒之后竟对小丽动手动脚，小丽不从，他就借故辞退了小丽，现在又借故把刘峰从办公室调到了锅炉房。

　　阿 P 听完事情的来龙去脉，火气就直蹿头顶，他拍着桌子大骂："真是欺人太甚！这天底下就没有王法了吗？"众兄弟便一起跟着吼："对，对，P 哥，给陈大壮点颜色看看！"阿 P 见大家如此抬举自己,觉得很有面子,一拍胸膛吹嘘道:"兄弟我在外闯荡了几年,别的本事没学会,给坏人点颜色看看是没有问题的。今天,刘峰的事儿我管定了,把那个厂长的住址告诉我,大家说,是要他的脑袋还是他的屁股……"众兄弟在酒精的刺激下,把阿P当成了救世主,一个个伸出大拇指夸阿P够朋友。只有刘峰害怕得直摆手:"不行,不行,杀人犯法的事儿可不能做!"阿P一看刘峰那个熊样,就更显出一副天不怕、地不怕的样子,豪情万丈地说:"放心,不管出了啥事儿,我一人担着,和你们无关,你们就等好消息吧。"

第二天,阿P酒醒了,想起昨晚夸下的海口,心里有些紧张,杀人放火的违法事他是绝对不敢做的,可是现在覆水难收,他的朋友都在等着听好消息,这可如何是好? 阿P愁得在房间里团团打转。可转着转着,主意还真被他给想出来了。

当天晚上,服装厂的厂长陈大壮喝得醉醺醺的回家,刚走到自家门口,阿P从黑影里跳了出来,把一个硬邦邦的东西抵在了陈厂长的腰间:"你就是陈厂长吧? 我等你很久了!"陈大壮这辈子哪见过这种阵势,早吓得浑身发抖,一个劲地说:"大哥饶命,我身上的钱您全拿去好了。"阿P把手里的硬家伙扬了扬,然后冷笑一声:"实话告诉你吧,我不是向你要钱的,是你的仇家让我来的,他出价五万,要你的一条胳膊或者一条腿。你说吧,舍得哪一个?"

阿P的话显然超出了陈厂长的心理承受力,他腿一软,竟然跪了下来:"大哥,五万元我给你。不,加倍,我给你十万。求你放过我吧!"阿P故意很仗义地说:"拿人钱财,替人消灾,干什么都得讲点职业道德吧。"停顿了一下,又接着说:"这么着吧,我看你也挺可怜,而且你我往日无冤、近日无仇,你要愿意按照我说的做,我就放你一马。"

陈厂长听了这话,像得了大赦,头点得跟捣蒜似的,连说:

"干什么都行,干什么都行!"

阿 P 边玩弄着手里的硬家伙,边说:"从明天开始,你把腿缠上绷带,在家别出来,别人要是问,你就说是自己做了坏事,让人给打的,一个星期以后,你再出门。另外,你要记住,以后什么时候都不要欺负人,仇家太多,早晚会有人收拾你。还有,要是露了馅让我没法交差,我就只好来取你的腿了,到时候可别怪我不客气。"

陈厂长一听这些条件,高兴得直点头,"行,行,我一定照大哥的话做。"

阿 P 潇洒地转身离去,他心里暗暗好笑,这姓陈的真是十足的松包,两句话就服了软,真是天助我也。明天,朋友们都误以为是自己打断了陈大壮的腿,这样一来,自己既不犯法,又能在朋友面前风光一番。一想到这些,阿 P 胸脯挺得老高,神气得不得了。

三天后,阿 P 准备回省城了,临走前,他又到了刘峰家,想看看刘峰的高兴劲儿。阿 P 一进门就大声喊着:"怎么样,兄弟,你们那位陈大厂长这两天可好啊?"刘峰一把拉住阿 P,关严了房门,小声说:"阿 P,你下手太狠了,打折了他一条腿!"

阿 P 听完哈哈大笑,拍了一下自己的胸脯,说:"这算什么,要不是你事前有交待,不想把事情搞大,我准叫他脑袋搬家!"

阿 P 以为自己这话肯定会把刘峰镇住,可没想到刘峰却说:"要知道这样,你还不如直接把他杀了,倒干净了!"

阿 P 一时没反应过来,眼睛眨巴眨巴的。刘峰看阿 P 一副迷糊的样子,无奈地说:"嗨,陈大壮的腿被打断了,更会害人了,原来是我一个人受害,现在还连累上了大家。"

阿 P 想想,不可能啊,就那个胆小鬼,他还敢去报案? 阿 P 急忙拉住刘峰,问到底是怎么回事。

刘峰委屈地说:"陈大壮真是个坏坯,他让媳妇到处去说,他是为了落实厂里的改革措施被人打伤了腿,医疗费报销不说,还暗示大家带上礼金去看望,谁要是不去,今后还不等着下岗? 没办法,我也只好随了五百元的份子钱。你要是把他打死了,这冤枉钱我就不用花了。"

阿P一听倒吸一口冷气,自己想做回大侠,治治这个坏厂长,没料到最后却帮了倒忙。想起刘峰的媳妇下岗在家,刘峰每月也不过六七百元的收入,阿P没心情再待下去了。出门的时候,他从口袋里拿出五百元钱,一再表示:"你们两口子结婚我没赶上,一点小意思,补一个贺喜钱。"其实,他口袋里除了回去的路费,也就这么多了。

在回省城的路上,阿P越想越憋气,自己白白当了一回歹徒,还白白地拿出了五百元钱,更郁闷的是没有帮上刘峰什么忙,还白白便宜了那个陈大壮。可阿P想起陈大壮下跪磕头时的情景,不禁暗暗笑了:坏人么,就得让好人收拾收拾,哪怕让他受点惊吓也好。要不,这世界还怎么得了?

(陶柏军)

(题图:李　加)

阿
P
耍
聪
明

　　工厂效益不景气,阿 P 手头也有点紧巴巴了,有时甚至舌头舔不到鼻头,日子久了,他那豪爽大方的性格也"憋"出了点毛病:遇事斤斤计较,还喜欢耍点小聪明……

　　这天早晨,阿 P 正在家门前活动筋骨,有个乞丐走到他身边。看着乞丐那副可怜巴巴的样子,阿 P 顿时皱起了眉头:近来乞讨的人多起来了,有些分明身强力壮,却也装出少胳膊断腿的样子,干起了这不劳而获的勾当。阿 P 肚里窝着一团无名火,只恨自己没有什么办法对付这些无赖,只得满心不悦地从口袋里掏出两毛钱递给了乞丐。乞丐接过钱,说了声"谢谢",转身向阿 P 的邻居杨大爷家走去。

　　杨大爷此时正双手叉腰,站在自家门口,他面前放着条板凳,板凳上有只大碗……

乞丐走到板凳前站住了,盯着板凳上的大碗默默地看了一下,又瞧了瞧向他点头招呼的杨大爷,便一声不响地走了。

阿 P 正站在一旁,这情景全看在眼里,他好生奇怪:乞丐不都是死皮赖脸地见谁都要伸手讨钱的吗? 怎么见了杨大爷屁都不放一个,转身就走呢? 这下可把阿 P 弄懵了,他大步跑到杨大爷面前,低头一看,只见那板凳上的大碗里装着水,阿 P 满头雾水,指着那大碗问杨大爷:"大爷,您这是什么意思? 难道这碗水放在板凳上,就能打走乞丐?"

杨大爷笑笑说道:"这是旧社会三教九流闯荡江湖的暗号和规矩,你不是道中人,当然不懂。"

阿 P 早就听说杨大爷年轻时曾在社会上流浪,闯过三关六码头,肯定是满肚子的见识。他想:我阿 P 虽也是个人物,但多学点总不是坏事,眼下不是时兴"充电"吗? 对,我也得充充这"电"!

于是,阿 P 便笑着说道:"大爷,我阿 P 今天是虚心向您老人家求教,您无论如何得告诉我。"

杨大爷不由一怔,面有难色地推辞道:"这些是不能随便告诉外人的。"说完拿起大碗,又伸手去拿板凳……见杨大爷要走,阿 P 一扭屁股坐到板凳上,摆出一种不达目的誓不罢休的架势,说:"您今天不告诉我,我就坐在这里不走了!"

杨大爷苦笑着摇了摇头,他知道阿 P 那个死缠活赖的脾气,只得叹口气道:"我就告诉你吧,但你千万不可去唬弄别人,江湖规矩千变万化,那些三教九流的人可不是好惹的。"

杨大爷见阿 P 点了头,便接着说道:"这事其实很简单,我在板凳上放碗水这是个暗示,表明我也是江湖中人,江湖中人不得相互乞讨,这是条规矩。"说着,他又举起手中的大碗,"这碗水放在这里的名目叫'顺水开船',意思是'请你上路',明白吗?"

原来如此！阿 P 茅塞顿开……

傍晚时分，阿 P 正躺在门外的椅子上养神,无意中看到远处有个乞丐正向他走来,他心里一动:不好,又要破财了！想起早晨杨大爷教的方法,阿 P 连忙起身从家中拿出一条板凳,放在门前,又用一只碗盛满水后放到板凳上,忙完这些,他照样躺到椅子上闭目养神,心里想象着那个倒霉的乞丐一会儿过来,看到那碗水,要他"顺水开船",该是多么的窝囊！

就在阿 P 得意洋洋的时候,乞丐已经走到了他的面前,他看了看板凳上的那碗水,顿时面露笑容,从肩上取下一只旧布袋,坐到板凳上,对正在养神的阿 P 说道:"老兄,今晚就打扰你们家了。"

阿 P 朦胧中吃了一惊,以为自己听错了,猛地从椅子上坐起来:"什么？你今晚要睡我家里?"

乞丐糊涂了:"不是你叫我留下来的吗?"

阿 P 一听更糊涂了:"我什么时候留你在我家住宿?"

见阿 P 不像是在开玩笑,乞丐"呼"地站起身来,冲着阿 P 嚷道:"你到底是不是江湖中人?"

阿 P 毕竟有点做贼心虚,但随即又镇静下来,细细回忆一下早晨杨大爷摆弄的那碗水,觉得自己摆的这碗和扬大斧的没有什么两样,便硬着头皮答道:"当然是啦!"

乞丐板起了脸,指着板凳上的那碗水问阿 P:"这是你摆下的?"

看到乞丐的脸色越来越难看,阿 P 紧张起来:莫非我在哪个地方违背了江湖规矩? 他脑子一转,马上改了口:"这碗水倒不是我放的,刚才有位邻居,在这喝水,临时有事走开了……"

那乞丐也不是省油的灯,他见阿 P 神色紧张,又不能自圆其说,就准备将计就计捉弄阿 P 一番,便稳如泰山地在板凳上坐了下来,对阿 P 说道:"反正你我同是江湖中人,规矩你也都懂,好歹今晚我就住在你家了。"

阿P料不到自己冒充内行真的惹出了麻烦,想起老婆马上就要回来,让她看见自己被一个乞丐缠上了,少不了一顿臭骂。阿P本来就怕老婆,想到这些便有点心惊肉跳,连忙放软口气对乞丐说:"师傅,我家实在没地方容您过夜,我现在给您点钱,您到别处找个歇脚的地方吧?"他一边说着,一边往口袋里掏钱……

乞丐开始说啥也不答应,直到阿P再三认错,乞丐觉得自己已经出了气,这才又讨价还价,拿走了阿P的五元钱,提起布袋走了。

乞丐一走,阿P这才松了口气,他百思不解:同样一碗水,乞丐见了杨大爷的掉头便走,见了我的却要留下来过夜?他跑到杨大爷家,杨大爷一听经过,捧着肚子大笑:"你呀你你,真是眉毛胡子一把抓呀?我那时是早晨,现在却是傍晚,出门人早晨想讨个吉利,摆碗水在门前,那自然是'顺水开船';但傍晚却要回家,那碗水当然也就变成'见水靠船'了,这不就是要留人家过夜吗?"

阿P终于明白了自己错在哪里,想到给乞丐拿去的那五元钱,实在心痛,无缘无故,不明不白,稀里糊涂,莫名其妙,就把全家人的一顿菜钱给了素不相识的陌生人,这算什么名堂?但转念一想,花了五元钱,却免去了老婆的一顿臭骂,这不是祸小福大是什么?想到这里,阿P的心情又开朗了起来……

（周　慧）

（**题图**:蔡传生）